超级大脑

优秀学生超爱玩的数学游戏大全

主编 张祥斌
编委 刘海燕 陈学慧 赵赟 李冰凌
　　　王忠波 展超 郝志丹 孟祥龙
　　　刘波 何利轩 郭春焱 修德武

哈尔滨工业大学出版社
HARBIN INSTITUTE OF TECHNOLOGY PRESS

图书在版编目(CIP)数据

超级大脑.优秀学生超爱玩的数学游戏大全/张祥斌主编.—哈尔滨:哈尔滨工业大学出版社,2017.1
ISBN 978-7-5603-5937-3

Ⅰ.①超… Ⅱ.①张… Ⅲ.①智力游戏－少儿读物 Ⅳ.①G898.2

中国版本图书馆CIP数据核字(2016)第071704号

策划编辑	常　雨
责任编辑	刘　瑶
装帧设计	恒润设计
出版发行	哈尔滨工业大学出版社
社　　址	哈尔滨市南岗区复华四道街10号　邮编150006
传　　真	0451-86414749
网　　址	http://hitpress.hit.edu.cn
印　　刷	哈尔滨石桥印务有限公司
开　　本	787mm×1092mm　1/16　印张13.75　字数304千字
版　　次	2017年1月第1版　2017年1月第1次印刷
书　　号	ISBN 978-7-5603-5937-3
定　　价	28.00元

(如因印装质量问题影响阅读,我社负责调换)

前　言

　　本书通过数学游戏，让读者从全新的角度认识数学这门复杂、抽象的学科。书中所有的游戏均与数学有关，其中既有基础数学游戏，也有应用数学游戏，旨在通过难度不同、角度不一的数学游戏，来提高读者的运算能力、解题技巧，从而使读者的思维能力得到质的提高。书中没有枯燥的公式，也没有难解的习题，而是用最简单的方式，告诉你数学世界的奇妙，带你进入思维训练营。游戏参与者不仅可以获得解题的快乐和满足，更重要的是通过完成游戏不断提高数学思维能力，进而提高思维能力。

　　本书中的每个游戏都蕴含特定的数学意义，也包含其他方面的知识。这些游戏，有的要通过加、减、乘、除四则运算完成，有的靠巧妙的逻辑推理取胜，有的则以浅显通俗的形式渗透现代数学的基本思想，有的是智力的竞争，有的是灵感的较量。它将抽象的定理、公式、方法隐含于通俗、生动、有趣的题目中，可有力地培养演算思维、发散思维、想象思维和创新思维等一系列思维模式，锻炼思维能力，提高数学水平，带领你走出思维死角。它会不知不觉地把你引进数学世界，它会在玩耍中教你计算、想象、创新。

　　数学思维能力的发展和提高是一个循序渐进、长期训练、螺旋上升的过程。本书集传授知识、开发智力、游戏娱乐于一体，既是知识载体，又是娱乐工具。读者可以在游戏中提高能力，活跃思维，得到更多的视角和解决问题的能力与方法，进而做出正确的判断。这些游戏将使你领略到数学游戏的无穷乐趣，并从中学到许多相关的知识。做这些游戏时，你将体会到，数学并不像你想象的那么枯燥。

　　本书是一本开启数学思维、浓缩所有数学游戏精华的魔法益智书，不仅是轻松活泼的智力训练，更是一次数学探险，给你刮来一场数学旋风，带你进入数学的魔法世界。希望这本全新打造的数学游戏书，给你带来前所未有的乐趣和震撼，绝对让大脑完全苏醒！

编　者

2016年4月

目录 CONTENTS

第1章 神奇数字 ▶▶▶ 1

1 数字按键 / 3
2 数字之窗 / 3
3 数字阶梯 / 3
4 找规律选数字 / 4
5 数字组等式 / 4
6 互不相连的数字 / 4
7 数字兵营 / 5
8 数字魔方 / 5
9 数字猫 / 5
10 所缺的数 / 6
11 数字摩天轮 / 6
12 魔术方阵 / 6
13 数字移位 / 7
14 图形代表的数字 / 7
15 最大和最小 / 7
16 猜点数 / 8
17 填哪个数 / 8
18 数字转盘 / 8
19 房子的麻烦 / 9
20 数字卡片 / 9
21 旋转圆盘 / 9
22 切割数字蛋糕 / 10
23 数字路口 / 10
24 数字飘带 / 10
25 数字哑铃 / 11
26 数字三角形（1）/ 11
27 数字三角形（2）/ 11
28 数字圆中方 / 12
29 数字金字塔 / 12
30 数字十字架 / 12
31 填字游戏 / 13
32 找出特殊数字 / 13
33 数字七角星 / 13
34 数字明星 / 14
35 数字纵横 / 14
36 数字光盘 / 14
37 数字地砖 / 15
38 问号处应填什么数 / 15
39 数码大厦之门 / 15
40 数字屋顶 / 16
41 船里少了什么数 / 16
42 数字曲径 / 16
43 大转盘 / 17
44 三角运算 / 17
45 数字五边形 / 17
46 数字六边形 / 18
47 数字椭圆 / 18
48 数字密码本 / 18
49 数字金字塔 / 19
50 数字排列规律 / 19
51 破解数字密码 / 19
52 完成谜题 / 20
53 图形变换 / 20
54 数字幻方 / 20
55 四阶魔方 / 21

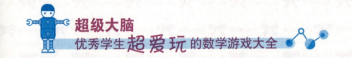

第2章 玄幻几何 ▶▶ 23

1 男女有别 / 25		38	摆牌游戏 / 38
2 救人 / 25		39	移象棋游戏 / 38
3 点数相同 / 25		40	平分土地 / 38
4 奇妙的划法 / 26		41	平分水果 / 39
5 巧分星星 / 26		42	平分字母正方形 / 39
6 猜图形 / 26		43	四等份图形 / 39
7 圆的分割问题 / 27		44	图形组合 / 40
8 等分图形 / 27		45	图形壁画 / 40
9 等分三角形 / 27		46	六边形变正方形 / 40
10 方格涂色 / 28		47	拼成正方形（1）/ 41
11 巧移动 / 28		48	拼成正方形（2）/ 41
12 画圆圈 / 28		49	巧摆三角形 / 41
13 剪成大环 / 29		50	移火柴游戏 / 42
14 巧选图形 / 29		51	剩下4个 / 42
15 点线组合 / 29		52	6个变3个 / 42
16 图形匹配 / 30		53	8个变4个 / 43
17 多少个三角形 / 30		54	9个变5个 / 43
18 三角形组合 / 30		55	正方形翻番 / 43
19 有几个三角形 / 31		56	不论多少 / 44
20 三角形的数量 / 31		57	划分成两等份 / 44
21 五角星中的三角形 / 31		58	圆凳上的棋子 / 44
22 数三角形 / 32		59	杯垫上的棋子 / 45
23 有几个正方形 / 32		60	不相称的棋子方阵 / 45
24 有西红柿的正方形 / 32		61	三棱锥的表面图案 / 45
25 数正方形（1）/ 33		62	打开的锥体 / 46
26 数正方形（2）/ 33		63	相对的一面 / 46
27 有多少个正方形 / 33		64	折叠纸盒（1）/ 46
28 有几个长方形 / 34		65	折叠纸盒（2）/ 47
29 有几个圆 / 34		66	折叠纸盒（3）/ 47
30 有几个小长方体 / 34		67	折叠立方体 / 48
31 组合矩形 / 35		68	打开的立方体 / 48
32 正方形拼板 / 35		69	军校学生的测验题 / 48
33 拼正方形 / 35		70	不相称的三角形组合 / 49
34 图形拼合 / 36		71	挑出圆中圆 / 49
35 画出水杯 / 36		72	不相称的组合图形 / 50
36 快速分发弹药 / 36		73	六等份图形 / 50
37 蜜桃方阵 / 37		74	如何平分 / 50

目录

75 拼成正方形 / 51
76 失踪的面积 / 51
77 不变的方孔 / 51
78 4个和5个 / 52
79 6个变4个 / 52
80 巧拼红十字 / 52
81 小船变梯形 / 52
82 重新摆图形 / 53
83 巧摆正方形 / 53
84 用火柴分田地 / 53
85 火柴"牢房" / 53
86 越变越少 / 54
87 巧手剪拉花 / 54
88 复合正六边形 / 54
89 倒转梯形 / 55
90 火柴梯形 / 55
91 火柴三角形 / 55
92 火柴正方形·火柴三角形 / 55
93 蜗牛菜餐厅的火柴 / 56
94 象棋的魔法 / 56
95 切割十字架 / 56
96 做木框 / 57
97 一条被子变两条 / 57
98 量长度 / 58
99 选料拼图 / 58
100 正方形中的三角形 / 58
101 圆内三角形 / 59
102 巧分蛋糕 / 59
103 等分阴阳图 / 59
104 三角形分平面 / 60
105 直线分圆 / 60
106 不同的展开图 / 60
107 比较面积 / 60
108 弯弯的小河 / 61
109 九色地砖 / 61
110 圣诞节礼物 / 62
111 野炊 / 62
112 四瓣花 / 63
113 "狗"的面积 / 63
114 巧量对角线 / 63
115 还剩多少个角 / 64
116 立方体涂黑 / 64

第3章 精准计算 ▶▶ 65

1 张飞卖猪 / 67
2 数学诗 / 67
3 巧分数字 / 68
4 独具特色的数 / 68
5 均匀搭配 / 68
6 和尚分馒头 / 68
7 松鼠采松子 / 69
8 吃荞麦面 / 69
9 会餐 / 69
10 大使馆的晚宴 / 69
11 猎人与子弹 / 70
12 沙漠卖水 / 70
13 运动员的上场时间 / 70
14 给胶囊编号 / 70
15 数字刻度 / 71
16 算算苹果数 / 71
17 卖苹果 / 71
18 均分苹果 / 71
19 木板截角 / 71
20 切西瓜 / 72
21 魔数的性质 / 72
22 最大得数 / 72
23 智猜年龄 / 72
24 双胞胎的秘密 / 73
25 做作业 / 73
26 记不清的门牌号 / 73
27 门牌号的难题 / 73
28 电话号码 / 74
29 两枚硬币 / 74
30 1元钱在哪里 / 74
31 买票 / 74
32 农民卖梨 / 75

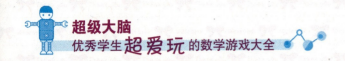

33 存多少钱 / 75	61 制作组合柜 / 81
34 鸡生蛋 / 75	62 池塘里的睡莲 / 81
35 蜗牛爬井 / 75	63 无价之宝 / 82
36 爬楼梯 / 75	64 面向老师的有多少人 / 82
37 计算书页 / 76	65 换啤酒 / 82
38 猫狗赛跑 / 76	66 合理取酬 / 82
39 兄妹赛跑 / 76	67 换空瓶的学问 / 83
40 兄弟同校 / 76	68 旅行花销 / 83
41 考试 / 76	69 分摊车费 / 83
42 两个女朋友 / 77	70 4种报 / 83
43 同一天过生日的概率 / 77	71 3人吃包子 / 84
44 宝石窃贼 / 77	72 3种昆虫 / 84
45 滑雪 / 77	73 汽车大赛 / 84
46 买香烟 / 77	74 站台怪现象 / 84
47 卖鸡蛋 / 78	75 公交车站上的数学 / 85
48 数学博士的法眼 / 78	76 散步问题 / 85
49 各有多少张 / 78	77 准时到家 / 85
50 取出多少钱 / 78	78 需要跑多快 / 85
51 算算这笔账 / 79	79 两只手表 / 86
52 租车旅游 / 79	80 走不准的表 / 86
53 试营旅馆 / 79	81 现在是什么时间 / 86
54 年薪的选择 / 79	82 现在是几点 / 86
55 打碎的玻璃杯 / 80	83 怎样评比 / 87
56 女人的年龄 / 80	84 巧算比分 / 87
57 汽车进口商 / 80	85 蜡烛的精神 / 87
58 趣猜年龄 / 80	86 渔夫和草帽 / 88
59 伪慈善家 / 81	87 座位循环 / 88
60 算年龄 / 81	

第4章 奇妙图像 ▶▶ 89

1 大象究竟有几条腿 / 91	10 隐藏的数字 / 95
2 多少条腿 / 91	11 找出特殊的图 / 95
3 大鱼和巨鸟 / 92	12 与众不同的图形 / 95
4 看到几个人 / 92	13 大圆和小圆 / 96
5 找出相同的图 / 93	14 找出替代问号的图形 / 96
6 找出不一样的图形 / 93	15 填补图形 / 96
7 找出与众不同的图 / 93	16 破解图像密码 / 97
8 视觉想象力 / 94	17 规则的闪电 / 97
9 图形方阵 / 94	18 取代问号的箭头组合 / 97

19　取代问号的水果组合 / 98
20　不相称的图形 / 98
21　不相称的组合 / 98
22　按顺序铺地砖 / 99
23　特殊的墙面 / 99
24　表格接龙 / 99
25　不相称的马赛克组合 / 100
26　不相称的瓷砖组合 / 100
27　取代问号的瓷砖拼图 / 100
28　多米诺骨牌组 / 101
29　多米诺骨牌方阵 / 101
30　有多少个呢 / 101
31　类比排列（1）/ 102
32　类比排列（2）/ 102
33　骰子的轨迹 / 103
34　图形方阵 / 103

35　想象轮廓 / 104
36　分割三角形 / 104
37　数字骰子 / 105
38　选出特殊图形 / 105
39　查漏补缺 / 106
40　符号对应 / 106
41　符号排列的顺序 / 107
42　按顺序选图形 / 107
43　地砖拼图 / 108
44　图形接龙 / 108
45　图像金字塔 / 109
46　病人搬家 / 109
47　寺院里的玻璃 / 110
48　狭路超越 / 110
49　警察捉小偷 / 110

第5章　"摆平"等式 ▶111

1　算术积木 / 113
2　一五一十 / 113
3　趣凑算式 / 113
4　趣填符号 / 114
5　事半功倍 / 114
6　数字排排坐 / 114
7　从1回到1 / 115
8　如何添入数字"1" / 115
9　巧添加减号 / 115
10　两个算式 / 115
11　连环等式 / 116
12　乘除等式 / 116
13　除法等式 / 116
14　加法的答案 / 116
15　奇怪的等式 / 117
16　得出100 / 117
17　巧成100 / 117
18　连环等式 / 117
19　动物等式（1）/ 117
20　动物等式（2）/ 118

21　交叉等式 / 118
22　找回等式（1）/ 118
23　找回等式（2）/ 119
24　找回等式（3）/ 119
25　找回等式（4）/ 119
26　火柴等式方阵 / 120
27　纠正错误的不等式 / 120
28　加一根火柴，让等式成立 / 120
29　让等式成立 / 121
30　纠正等式 / 121
31　移动两根火柴，让等式成立 / 121
32　巧变等式 / 122
33　火柴等式 / 122
34　罗马等式 / 122
35　数字等式方阵（1）/ 123
36　数字等式方阵（2）/ 123
37　数字等式方阵（3）/ 123
38　图形等式（1）/ 124
39　图形等式（2）/ 124
40　图形竖式（1）/ 124

41 图形竖式（2）/ 125
42 错误的图形等式 / 125
43 另类数字等式 / 125
44 曲折等式 / 126
45 纵横等式（1）/ 126
46 纵横等式（2）/ 126
47 不变的值 / 127
48 一题三解 / 127
49 完成等式 / 127
50 火柴等式 / 128
51 扑克牌等式（1）/ 128
52 扑克牌等式（2）/ 128
53 扑克牌等式方阵（1）/ 129
54 扑克牌等式方阵（2）/ 129
55 扑克牌等式方阵（3）/ 129
56 没有出现的数字 / 130
57 钟表等式（1）/ 130
58 钟表等式（2）/ 130
59 钟表等式（3）/ 131
60 商等于3 / 131
61 纵横平方（1）/ 131
62 纵横平方（2）/ 131
63 加牌成平方 / 132
64 倒转三角形 / 132
65 扑克牌三阶幻方（2）/ 133
66 6个A / 133
67 英文数字等式 / 133
68 诗句等式 / 134
69 "3D"等式 / 134
70 "数字·字母"等式 / 134

第6章 魔法道具 ▶135

1 改变朝向 / 137
2 鱼头向右 / 137
3 首尾互换 / 137
4 三角形变六角形 / 138
5 火柴正方形 / 138
6 火柴田地 / 138
7 井和口 / 139
8 一弓变二口 / 139
9 两口变相等 / 139
10 扩大总面积 / 140
11 巧变三角形 / 140
12 11、13交替 / 141
13 扑克牌三角形 / 141
14 猜纸牌 / 141
15 摆数游戏 / 142
16 移动硬币 / 142
17 独行独列 / 142
18 填象棋游戏 / 143
19 移象棋游戏 / 143
20 关于硬币的魔术 / 143
21 倒置三角形 / 144
22 圆盘中的棋子 / 144
23 隔子跳问题 / 144
24 翻杯子 / 145
25 植树问题 / 145
26 扑克长方形 / 145
27 扑克牌金字塔 / 145
28 猜猜第9张牌 / 145
29 猜猜第12张牌 / 146
30 看不见的扑克牌 / 146
31 分扑克 / 146
32 发牌的技巧 / 147
33 巧排顺序 / 147
34 妙算猜牌 / 147
35 纸牌与魔方阵问题 / 148
36 手表上的谜 / 148

答案 ▶▶▶149

第1章

神奇数字

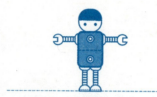

阿拉伯数字虽然只有10个——0、1、2、3、4、5、6、7、8、9，但它们丰富的内涵却远远超出了你的想象。这10个数字的不同组合，所代表的概念简直就是一个"天文数字"；在这10个数字之间加上运算符号，又可以转换成数不清的数字。数字游戏就是一种通过寻找或利用数字之间的变化规律来获得答案的智力游戏，就像"迷宫"一样，对形象思维、抽象思维的培养具有积极的作用，被人们誉为"数字体操"，在世界上十分普及。

第1章 神奇数字

1 数字按键

问号处应为什么数字?

```
11 — 16 — 21
14 — ? — 26
31 — 38 — 45
```

2 数字之窗

问号处应为什么数字?

```
7   8   1
16  ?   1
8   24  16
```

3 数字阶梯

在问号处填上合适的数字。

```
9
3  4
1  5  16
?  14 7  23
```

4 找规律选数字

根据各行各列的规律完成谜题。

4	5	1
2	?	5
4	2	4

5 数字组等式

利用下图中的所有数字组成一个算式，使其值等于12。

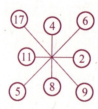

6 互不相连的数字

在下列图形里的每个正方形里填上数字1~8，但是相邻的数字互不相连，比如填上4的那个格子不应该靠着3和5。

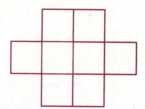

7 数字兵营

问号处应为什么数字？

A   B

8 数字魔方

用1～9这9个数字，重新布局，使方格中的纵行、横行、斜向的数字的和都不相同。你知道应如何摆放吗？

1	2	3
4	5	6
7	8	9

9 数字猫

研究图（1）中的数字规律，应用这一规律推算出图（2）中问号处的数字。

(1)

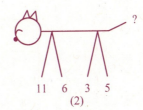
(2)

10 所缺的数

观察下列图形中各数之间的变化规律，问所缺的数是哪个？

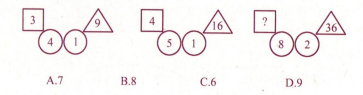

A.7　　　　B.8　　　　C.6　　　　D.9

11 数字摩天轮

问号处应为什么数字？

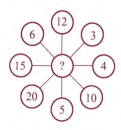

12 魔术方阵

下图中的数字，纵行、横行、斜向相加的和数均为15，如7+5+3=15，6+1+8=15，6+5+4=15等。现在要做一个和数为16的方阵，要求方阵中1～9的9个数字也要完全不相同。请你画出这个方阵。

6	7	2
1	5	9
8	3	4

13 数字移位

在一个圆的5条直径的两端，分别写着从1～10的连续数（如右图）。现在要求变换数的位置，使任何两个相邻两数的和等于相对位置上的相邻两数的和。原题上只有一种符合这个情况，即10+1=5+6。

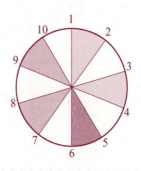

14 图形代表的数字

找规律，你知道●、▲分别代表哪个数字吗？

●	15	26
37	48	59
70	▲	92

A. ●4 ▲81　　B. ●4 ▲80

C. ●14 ▲84　　D. ●17 ▲85

15 最大和最小

请动脑筋想一想，在下面用火柴摆成的自然数"1995"中，任意移动一根火柴而得到的所有四位数中，最大数和最小数分别是什么？

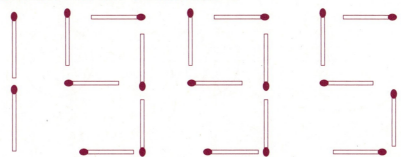

16 猜点数

请根据下图中A、B、C、D各骰子所显示的点数，推算出"?"处应是几个点？

A　　　　B　　　　C　　　　D

17 填哪个数

1~9的9个数，哪个数字填在问号处能完成谜题？

2	7
1	6

7	8
5	?

5	1
4	2

18 数字转盘

问号处应为什么数字？

A　　　　　　B　　　　　　C

19 房子的麻烦

你能求出房顶上缺少的数字吗?窗户和门上的每个数字都只能用一次,并且数字的顺序不能颠倒。用心观察即可发现规律。

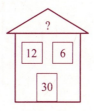

20 数字卡片

问号处应为什么数字?

21 旋转圆盘

问号处填上哪个数能完成这个旋转圆盘?

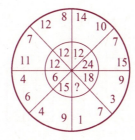

22 切割数字蛋糕

问号处应为什么数字?

23 数字路口

问号处应为什么数字?

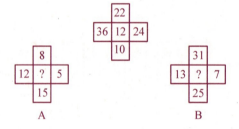

24 数字飘带

下图中问号处应该填一列数字,从下列选项中选出合适的填上去。仔细找出题中数字隐藏的规律即可轻松完成。

25 数字哑铃

5个位于图形中的数字排列成哑铃状。你能算出最后一个图形中缺少什么数字吗?

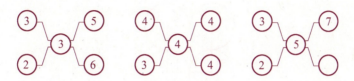

26 数字三角形(1)

想一想,问号处该填什么数字?

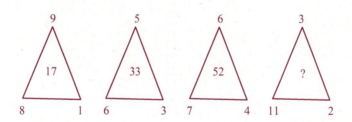

27 数字三角形(2)

问号处应为什么数字?

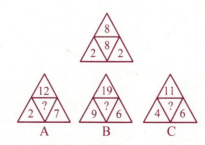

28 数字圆中方

问号处应为什么数字?

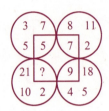

29 数字金字塔

问号处应为什么数字?

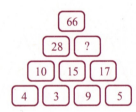

30 数字十字架

问号处应为什么数字?

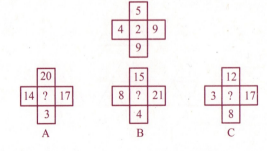

31 填字游戏

在下列方格中填入数字，使之在横向、竖向的计算都是正确的。

32 找出特殊数字

下圆中的数字哪个数是特殊的？

33 数字七角星

你能将数字1~14填到下图的七角星圆圈中，使得每条直线上的数字之和为30吗？

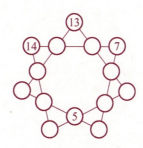

34 数字明星

问号处应为什么数字?

35 数字纵横

问号处应为什么数字?

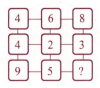

36 数字光盘

问号应用什么数字代替?

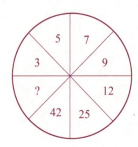

37 数字地砖

问号处应为什么数字？

38 问号处应填什么数

问号处应填什么数？

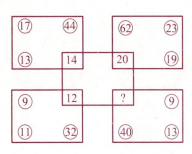

39 数码大厦之门

问号处应为什么数字？

425	155	456
801	360	873
1 159	475	1 254
482	?	505

40 数字屋顶

你能求出第二座房顶上缺少的数字吗？窗子和门上的数字只能用一次，并且数字的位置不能颠倒。

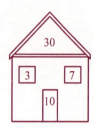 

41 船里少了什么数

问号处应为什么数字？

42 数字曲径

问号处应为什么数字？

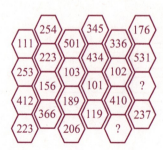

43 大转盘

你能找到一个数字代替图中的问号,并使之符合转盘的数字规律吗?

44 三角运算

你能推算出可以替换三角形中问号处的数字吗?

45 数字五边形

问号处应为什么数?

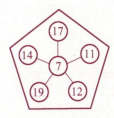 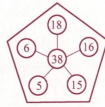 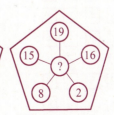

46 数字六边形

问号处应为什么数?

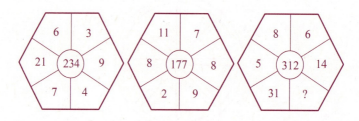

47 数字椭圆

根据规律,问号处应该填什么数?

 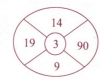 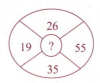

48 数字密码本

问号处应为什么数字?

A

B

C

D

49 数字金字塔

求金字塔中A、B、C的值。

50 数字排列规律

下列数字的排列规律是什么？

1 378
246
59
0

51 破解数字密码

问号处应该填什么数？

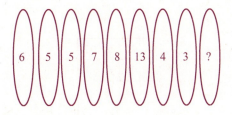

6　5　5　7　8　13　4　3　?

52 完成谜题

问号处是什么数字？

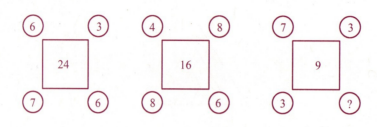

53 图形变换

格子A和B中各图形所代表的值已经给出，格子C中的图形所代表的值是多少？

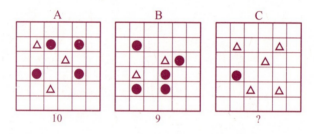

54 数字幻方

一个写有数字的正方形如下图所示。请你沿图上的直线裁开，分成4块，然后重新加以拼合，再一次得到一个正方形，使其每行、每列及两条对角线上的和都等于34。

1	15	5	12
8	10	4	9
11	6	16	2
14	3	13	7

55 四阶魔方

将编号从1到16的数字填入如下图所示游戏纸板的16个方格内,使得每行、每列以及两条对角线上的和相等,且和(即魔数)为34。

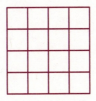

第 2 章

玄幻几何

几何是数学的重要组成部分，是研究空间结构及性质的一门学科。它同样存在于日常生活中，存在于我们的游戏之中。几何类思维游戏是益智游戏的重要组成部分，可以说是我们从小就开始接触的益智游戏。不信？告诉你，你小时候玩的"走迷宫"游戏就是几何类思维游戏，这种游戏让你从出发点找到一条路线，穿越整个迷宫，这就是"由点及线"再"由线及面"，很符合几何类科学思维游戏"由点及面"的特征。还有我们经常玩的"七巧板""俄罗斯方块"等游戏，也是几何类思维游戏。然而，几何类思维游戏不仅仅局限于平面，也存在于立体空间之中。因此，它对思维的要求就不仅仅是"由点及面"，更是"由平面到立体""从有形到无形"。勇敢地接受下面的挑战吧！

1 男女有别

请将代表男、女性别的两种符号各用一根连线串起来,要求两根连线不可交叉。

2 救人

有一个年轻女子迷路了,你必须设法以最快的速度找到她。你能找到一条最省时的路线吗?

3 点数相同

如下图,把一块地分给4个小组种植,形状大小要相同(每块有相同的点数),应怎么分?

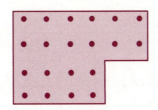

4 奇妙的划法

如下图,在方格里有36个"◇",现在要划掉其中的12个,使横、竖各行都剩有相同数目的"◇"。请问应该划掉哪些"◇"才能满足要求?

5 巧分星星

请用6根直线将下图中的方格分成7个部分,每个部分分别包含1、2、3、4、5、6、7颗星。直线可以是一端与方框相接触,也可以是两端都与方框相接触,或两端都不与方框相接触。

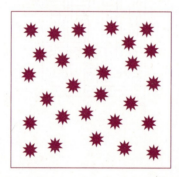

6 猜图形

根据图形的排列规律,猜一猜问号处应该是一个什么图形?

7 圆的分割问题

将一个圆分割成四等份的方法有很多种，下面显示出其中两种方法。你能想到其他的方法吗？

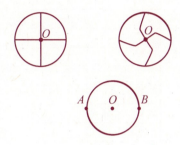

8 等分图形

沿着线条把下图所示模板分成4部分，使每个部分都包括一个三角形和一颗星。每个部分的形状、大小必须相同，但三角形的位置可以有所变化。你能做到吗？

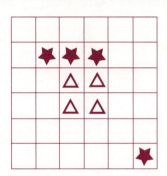

9 等分三角形

你能把一个等边三角形分成形状、大小都相等的3个、4个、6个、8个、9个、12个三角形吗？请用虚线将分法表示出来。

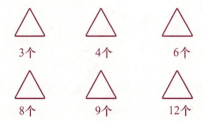

10 方格涂色

下面是一个7×7的正方形，内有49个方格。至少要涂多少个方格，才能使其中每个4×4的正方形内正好都有5个方格涂色。

11 巧移动

下图是由5个大小相同的等边三角形组成的鱼。你能画出这5个等边三角形，并再用这5个三角形组成一个五角星吗？赶快试试吧！

12 画圆圈

下图大圆圈中有10只黑猫，经常发生打架。现在请你在大圆圈中画3个大小相同的小圆圈，将大圆圈内的空间分隔成10个部分，每个部分里有1只黑猫。应该怎么画呢？

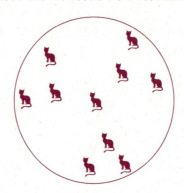

13 剪成大环

下面有4张正方形的剪纸,请问:哪张展开后能够形成一个大环形?

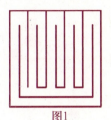   

图1　　　　　图2　　　　　图3　　　　　图4

14 巧选图形

请仔细观察下面第一排的图形变化,找出其中的规律。请问按此规律变化产生的图形序列的下一个,是图形A、B、C、D、E中的哪个?

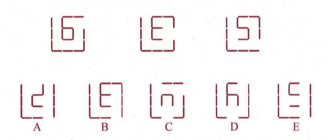

15 点线组合

图1~4是按照一定规律排列起来的,从A、B、C、D、E中挑出一幅,使它能符合这一规律。

   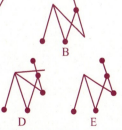

16 图形匹配

根据图1与图2的关系，找出A、B、C、D、E中适合图3的一幅。

图1

图2

A

B

C

图3

D

E

17 多少个三角形

下图中有多少个三角形？

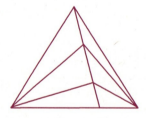

18 三角形组合

数一数，下图中有多少个三角形？

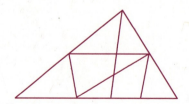

19 有几个三角形

数一数,下图中共有多少个三角形?

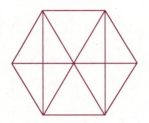

20 三角形的数量

数一数,下图中共有多少个三角形?

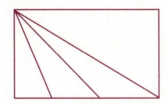

21 五角星中的三角形

数一数,下图中共有多少个三角形?

22 数三角形

数一数，下图中共有多少个三角形？

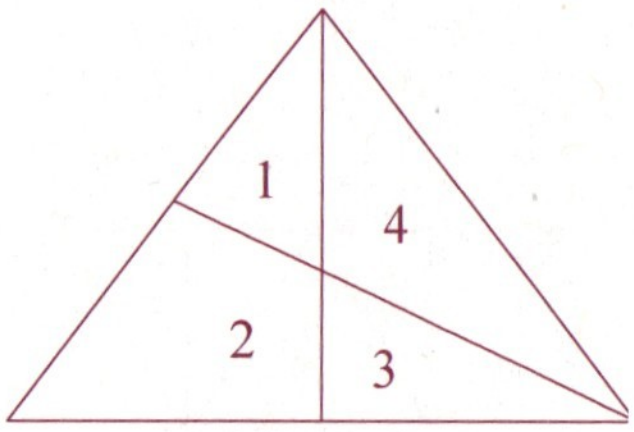

23 有几个正方形

数一数，下图中共有多少个正方形？

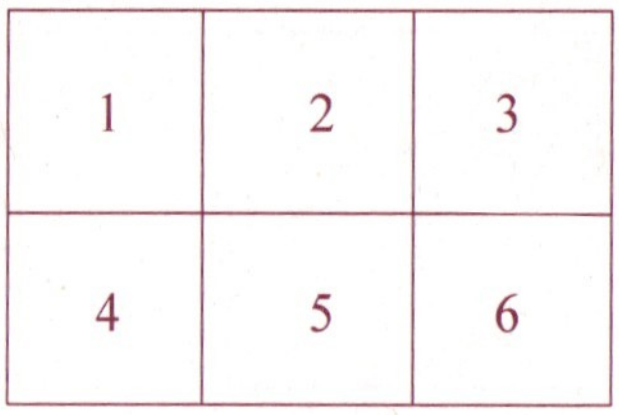

24 有西红柿的正方形

数一数，下图中含有西红柿的正方形有多少个？

25 数正方形（1）

数一数，下图中共有多少个正方形？

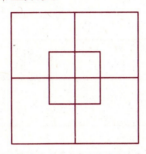

26 数正方形（2）

把手放到背后，数一数下图中共有多少个正方形？注意，大的正方形里套着许多小的正方形呢！

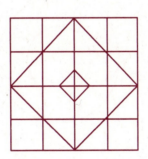

27 有多少个正方形

下图中有多少个正方形？

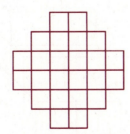

28 有几个长方形

数一数，下图中共有几个长方形？

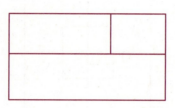

29 有几个圆

数一数，下图中共有几个圆？

30 有几个小长方体

数一数，下图中共有几个小长方体？

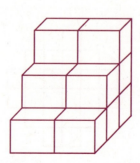

31 组合矩形

下列图形有两个突出部分,你能否将它分割成两个部分,再重新组合成一个完整的矩形吗?

32 正方形拼板

下面是一副拼板,用这副拼板能拼成一个正方形吗?怎样拼?

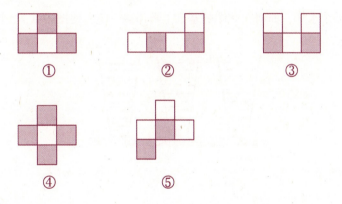

33 拼正方形

有两块大小和形状相同的伞形硬纸板(如下图所示),将每块一分为二,拼成一个正方形,应该怎样拼?

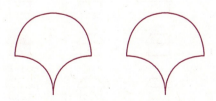

34 图形拼合

从下面6块图形中选用几块拼成下列图形，你能说出它们分别选用了哪几块吗？请你用虚线表示出拼的方法，并标上所选图形的编号。

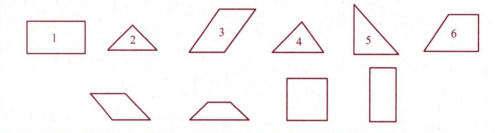

35 画出水杯

下图中有3个水杯，如何在此图的基础上再添加一笔，使图中共有5个水杯呢？

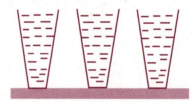

36 快速分发弹药

阵地上有如下图所示的10座兵营。有一车军火运到了指挥部，确定了分发份额之后，军火车要从指挥部出发，分发其余9座兵营的弹药，最后从前沿营返回军火库。如何用最快的时间、最短的路线完成这一任务？

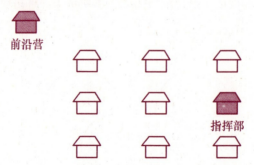

37 蜜桃方阵

八戒不知从哪里采来一些大蜜桃，他对悟空说："猴哥，替我看着点，我再去采一些回来。"八戒刚要离开，心里一琢磨，不行，猴哥最爱吃桃，如果他趁我不在偷吃了怎么办？他灵机一动，把采的蜜桃摆成一个正方形（如下图所示）。

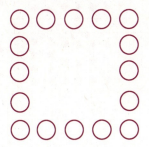

八戒说："我摆的这个方阵，每边都有5个桃子，猴哥，你给我好好看着，少了可不行。"悟空笑着对八戒摆摆手说："放心吧！保证每边5个桃子，绝不会少。"没过一会儿，八戒又采来几串野葡萄，他刚要递给悟空，却瞧着蜜桃方阵愣了起来。八戒问："猴哥，这桃子好像少了许多？"

"没有的事！"悟空把眼睛一瞪，"你数一数，每边是不是5个！"八戒一数，每边仍然是5个桃子（如下图所示）。

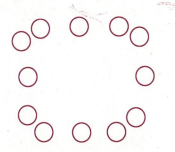

悟空一本正经地说："我闲来无事，把它们重新摆了摆，个数不少，你快去采果子吧！"说完从八戒手中接过野葡萄，八戒半信半疑，转身走了。

八戒走远了，悟空捂着嘴"哧哧"暗笑："真是个呆子，原来的摆法有16个桃子，我这么一变动就剩下12个桃子了。"说着他从衣袋里掏出那4个桃子看了看，又从方阵中拿出2只桃子，一起藏了起来。

眨眼间，八戒又背回一口袋野山梨。他简直不敢相信自己的眼睛了，"怎么，桃子就剩下这么几个啦？"

"不少，不少！"悟空指着桃子说："每边5个，你自己数嘛！"八戒一数，每边确实是5个桃子。八戒拍着脑袋心想，这是怎么搞的？那么，悟空究竟是怎么做到的呢？

38 摆牌游戏

24张扑克牌要排成6排，每排要排5张，怎么排？

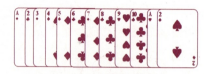

39 移象棋游戏

有12枚象棋棋子，排成下列图形。每相邻的4枚象棋棋子都是一个正方形的一个端点，这样的正方形共有6个。如何移走3枚象棋棋子，使得只剩下3个正方形？

40 平分土地

皇帝要把一块如下图所示的不规则的土地分封给4位功臣，要求土地的面积、形状完全一致，应该怎样做？

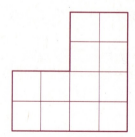

41 平分水果

一个16格的箱子里面装有4种水果。如果让你把这些水果分成4等份,你将如何去分?

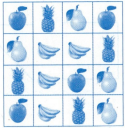

42 平分字母正方形

将下图分为面积相等、形状各不相同的6部分,使每部分均有"ABCDEF"的字样。

A	C	D	E	A	B
B	F	A	B	D	E
C	A	B	C	E	F
D	B	C	F	C	D
A	E	D	E	F	E
F	A	B	C	D	F

43 四等份图形

将下图分为大小和形状均相同的4等份,且每份有一棵树。

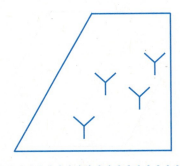

44 图形组合

下图中的正方形的边长和等腰直角三角形的两条直角边等长。如何利用这些图形拼成一个三角形？

45 图形壁画

问号处应为什么图形？

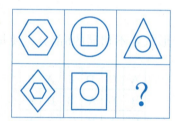

A   B   C   D

46 六边形变正方形

将下图的六边形剪两刀，然后可以拼成一个正方形。该怎样剪？怎样拼？

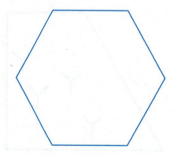

47 拼成正方形（1）

将下面这张纸剪两刀后，再拼成正方形。

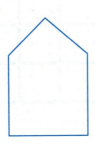

48 拼成正方形（2）

将此图分割后，再拼成正方形。

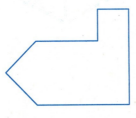

49 巧摆三角形

给你5根火柴，摆成一个含有三角形的正方形，你会吗？

50 移火柴游戏

用24根火柴拼成一个"3×3"的正方形。如何移走8根，剩下两个正方形？

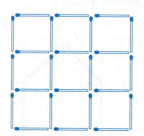

51 剩下4个

拿去下图中16根火柴里的4根，把这个图变成4个大小相等的三角形。

52 6个变3个

下图用12根火柴排列成了6个三角形，你能只移动5根，将它变成3个三角形吗？

53 8个变4个

下图是用22根火柴摆成的8个正方形，请抽走7根火柴，变成4个正方形。

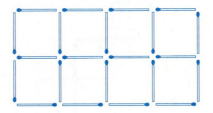

54 9个变5个

下图是由20根火柴排成的大小相等的9个正方形。试试看：移动3根火柴，放在适当的位置后，使图中只有5个闭合的正方形。

55 正方形翻番

用12根火柴能够摆出大小相等的5个正方形，再给你4根火柴，把正方形的数量翻一番，达到10个。你行吗？

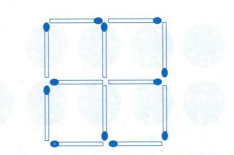

56 不论多少

用12根火柴摆出3个正方形,很容易。用11根火柴怎样摆出3个正方形呢?用10根呢?

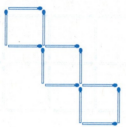

57 划分成两等份

下图中横向、竖向各是六格的棋盘上面放有黑、红象棋子各5枚,请你将黑、红象棋子分开的同时,将棋盘也分成相等的两份。

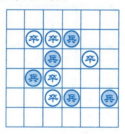

58 圆凳上的棋子

下图中的深色圆盘代表圆凳。前4个圆凳上面都按规律摆放了4枚白色棋子,第五个圆凳应该如何摆放?

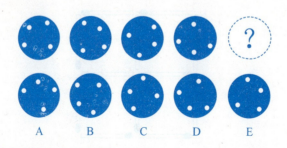

59 杯垫上的棋子

下图中的深色方块代表杯垫,杯垫的上面都放上了一颗白色围棋子。其中有一组的摆放方式和其他3组不一样,请你找出来。

A　　　　B　　　　C　　　　D

60 不相称的棋子方阵

下列4组棋子方阵中,有一组和其他3组是不相称的,请你找出来。

  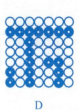

A　　　　B　　　　C　　　　D

61 三棱锥的表面图案

将下图纸片折起之后,物体表面的图案将是什么样的?

A　　　B　　　C　　　D　　　E

62 打开的锥体

下图中的锥体拆开成平面,应是下列图形中的哪一个?

63 相对的一面

仔细观察下列4幅图,你能推算出第四个正方体与空白面相对的一面是什么样的吗?

1   2   3   4

64 折叠纸盒(1)

下列纸片能折叠成右侧哪个纸盒?

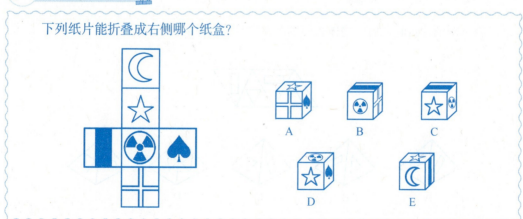

65 折叠纸盒（2）

下列纸片能折叠成哪个纸盒？

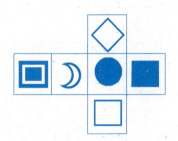

A

B

C

D

66 折叠纸盒（3）

下列纸片能折叠成哪个纸盒？

A

B

C

D

E

67 折叠立方体

在下列立方体中，只有一个可以由模板折叠而成，是哪个立方体呢？

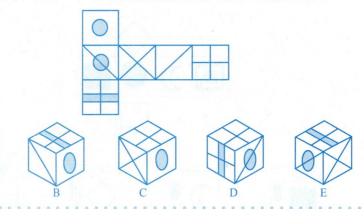

68 打开的立方体

下列4个平面图形中，哪一个能做成中间的立体？

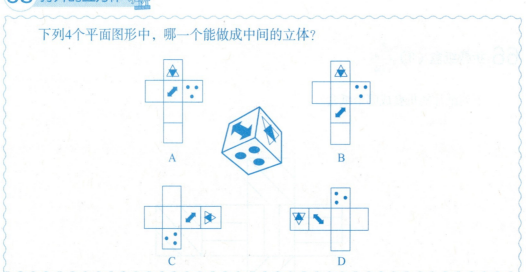

69 军校学生的测验题

10艘战舰，它们排成了两列。当敌舰逼近时，有4艘战舰改变了位置，使舰队排出了5列，每列各有4艘战舰。

这是如何做到的？（做这道题目时，可以用10枚硬币来试验。）

70 不相称的三角形组合

下图中哪个图形与其他图形不相称?

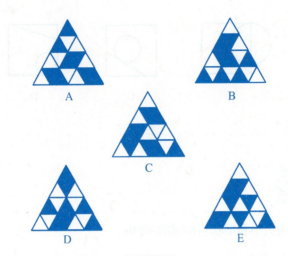

71 挑出圆中圆

下列哪个图形有别于其他4个图形?

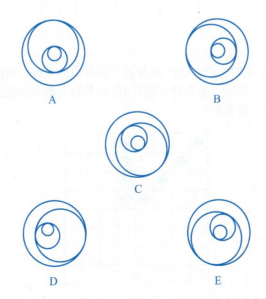

72 不相称的组合图形

下列哪个图与其他图不相称？

　　A　　　　　　B　　　　　　C　　　　　　D　　　　　　E

73 六等份图形

将下列图形分为大小和形状均相同的6等份。

74 如何平分

兄弟4人继承了父亲的遗产，遗产共有如下图所示的土地、4棵果树和4所房子。遗嘱上注明要公平分配。请问：怎么分才能让4位兄弟每人都分到相同面积的土地，并且每人都有一所房子和一棵果树？

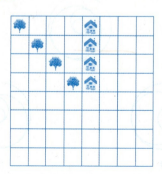

75 拼成正方形

将下图分割成9块，再拼为4个相等的正方形。

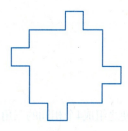

76 失踪的面积

下图是一块边长为13的地毯，请进行分拼，使之成为边长为21和8的矩形。

77 不变的方孔

将下图分割后，再拼为两个正方形，中间的方孔不变。

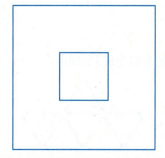

78 4个和5个

爸爸给弟弟妹妹各9根火柴,让他们搭三角形,弟弟搭了4个,妹妹搭了5个,你知道他们是怎么搭的吗?

79 6个变4个

仅移动下图中的3根火柴,使之组成4个相同的三角形。所有的火柴都必须用到。

80 巧拼红十字

小淘用36根火柴拼成了一个由13个小正方形组成的"十"字形图案,请你拿走4根,去掉5个小正方形,而"十"字形图案不变,你会吗?

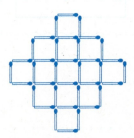

81 小船变梯形

如下图,移动4根火柴,把小船变成3个梯形。

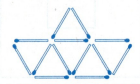

82 重新摆图形

用12根火柴再拼一个图形，使它的面积是这个图形的3倍。

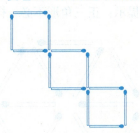

83 巧摆正方形

用12根火柴能摆出1大4小，共5个正方形，要摆出2大3小，共5个正方形，你有办法吗？

84 用火柴分田地

小迷糊家里开辟了一块田地，爸爸要他用7根火柴把田地分成形状和面积都一样的3块，他该怎么分呢？

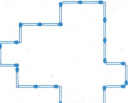

85 火柴"牢房"

用13根火柴组成6个相同大小的长方形，将这些长方形各自看作监狱中关押犯人的牢房，火柴棍看作阻隔犯人的铁栅栏。可是一排铁栅栏被犯人破坏了，只剩下了12排铁栅栏，应如何做到？但即使这样也依然能做成6间大小相同的牢房。牢房的形状可以任意改变，但不可以折断火柴，也不可以用火柴多余的一段作为铁栅栏的边。

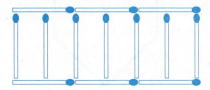

86 越变越少

下图中用12根火柴搭成6个正三角形，每次移动2根，使图中的正三角形分别为5、4、3、2个，该如何去移动？（提示：正三角形不必一样大，但不能重叠）

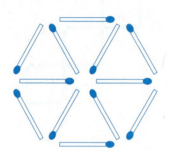

87 巧手剪拉花

结婚的洞房挂着颜色各异的拉花。图中用20根火柴摆出了5个正方形拉花，请你移动其中8根，让它变成由9个正方形组成的拉花。

88 复合正六边形

下图是用12根火柴摆成的正六边形，如果再用18根火柴，可以在里面摆成6个相等的小六边形。你知道应怎么摆吗？

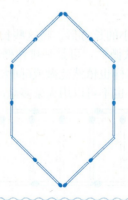

89 倒转梯形

下图是由23根火柴摆成的含有12个小三角形的梯形,最少移动几根可以让它倒转过来呢?

90 火柴梯形

用30根火柴组成9个小梯形,并且让这9个小梯形组成一个大的等腰梯形。

91 火柴三角形

用6根相同长度的火柴组成两个面积相等的正三角形,如何移动3根火柴,使其组成4个和原来的三角形大小相等的三角形?

92 火柴正方形·火柴三角形

如何用9根火柴组成3个正方形和2个三角形?

93 蜗牛菜餐厅的火柴

某蜗牛菜餐厅的老板在考虑餐厅招牌的图案时,将火柴摆成了螺旋形(图1)。一位客人开玩笑,移动了其中的3根火柴,使其变成了3个正方形。餐厅老板又增加了几个螺旋(图2),客人开玩笑,又挪动了其中的5根火柴,使其成为4个正方形。

请问:客人分别移动了哪几根火柴?

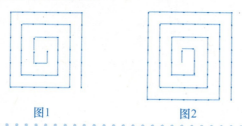

图1　　　　　　　　图2

94 象棋的魔法

如下图所示,16枚象棋棋子摆成12行,每行4枚。变化一下位置,使这16枚象棋棋子可以摆成15行,每行4枚。应当怎样摆放?

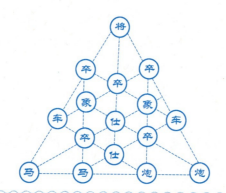

95 切割十字架

(1)将十字架图形分成4块,用它们拼成一个正方形。
(2)将十字架图形分成3块,用它们拼成一个菱形。
(3)将十字架图形分成3块,用它们拼成一个矩形,要求其长是宽的2倍。

96 做木框

小姑娘用 8 根木条给自己的两只玩具小羊羔做了两个正方形的木框。有位爱慕者又送来了第三只小羊羔,因此小姑娘想改造一下,用这些木条做成 3 个一样大小的正方形木框。

请用硬纸板剪出 8 根狭长的条子,其中 4 根条子的长度是另外 4 根长度的 2 倍,如下图所示。

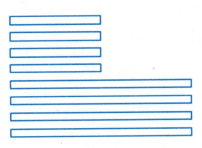

97 一条被子变两条

丈夫在和妻子商量,怎样把缝好的正方形被子裁剪成两条较小的正方形被子。由于被子是按照棋盘格子的模式做成的,所以裁剪时只能沿着垂直线和横线来进行。

要求把被子裁剪成块数为最少的几块,然后用它们缝制两条较小的正方形被子。

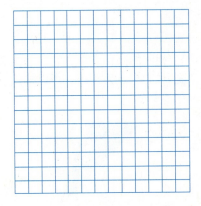

98 量长度

用一把米尺能量出正方体木块的对角线长度吗？已知相同规格的正方体木块足够多，且要保持正方体木块的完整。

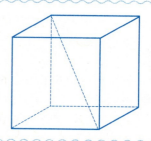

99 选料拼图

下图为6块木板，各边长度都是整数（从1到4），各个角都是直角。怎样从其中选出4块，拼成一个正方形？

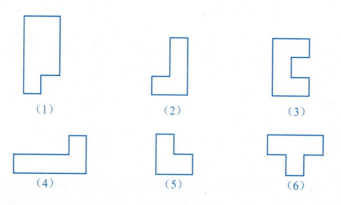

(1)　　(2)　　(3)

(4)　　(5)　　(6)

100 正方形中的三角形

下图中的正方形被分成9个相同的小正方形，它们一共有16个顶点（共同的顶点算一个），以其中不在一条直线上的3个点为顶点，可以构成三角形。在这些三角形中，与阴影三角形有同样面积的有多少个？

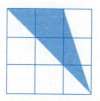

101 圆内三角形

在圆周上任意给定6个点,在圆内再选4个点,使得以这10个点为顶点构成尽可能多的彼此不重叠的三角形。这些三角形最多有多少个?

102 巧分蛋糕

下图为4个蛋糕,一大三小,要平均分成4份,而且每份要有1个小蛋糕,应该怎样分?

103 等分阴阳图

中国的阴阳图充满了神秘色彩,引起了全世界许多学者的极大兴趣。有人认为这是世界上最古老的宗教符号,很难再有什么其他方式能如此精妙地表现世界的两极:善和恶,雌和雄,膨胀和收缩,整合和分解,等等。假设阴、阳两部分的边缘是两个半圆,你能否画一条直线穿过这个图形,使得图中的阴、阳两部分的面积都被等分?

104 三角形分平面

用3个三角形最多可以把平面分成几部分？10个三角形呢？

105 直线分圆

用4条直线最多能将一个圆分成几块？用100条直线呢？

106 不同的展开图

有一个无盖立方体纸箱，将它沿棱剪开成平面展开图。那么，共有多少种不同的展开图？

107 比较面积

有4块铁皮，面积和厚度均相同，因做容器，分别被挖掉了一部分（如下图所示）。请用最简便的办法，准确地判断哪块所剩的面积最大，哪块所剩的面积最小？

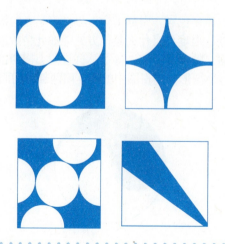

108 弯弯的小河

在如下图所示的长方形地区里,流过一道弯弯的小河。长方形的边长分别是10米和20米。这段河道的两岸都是圆弧,圆心分别是长方形的一个顶点和一边的中点。在这块地区里,水面的面积和陆地的面积谁大谁小呢?

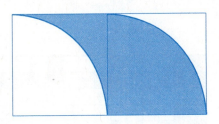

109 九色地砖

下图为一种九色地砖图样,它是由9种不同边长、不同颜色的正方形拼成的长方形图案。

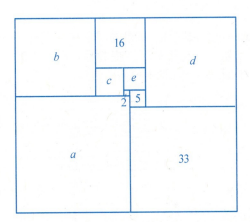

图中每个正方形中间的数字或字母表示这个正方形的边长。最中间一个最小的正方形的边长是2,由于图形太小,不写进去了。

这些用字母 a、b、c、d、e 表示的正方形边长各是多少呢?

110 圣诞节礼物

为迎接圣诞节的到来，伦敦一家商店决定将各类礼品装入不同的盒子里，盒子的平面图如图1所示（大小皆等于5个单位的正方形）。要将任意5个盒子装入一个底面积为5×5的大篮子内，图2中大正方形即为篮子的平面图。图2是12种盒子的形状以及盒内的礼品。

露西及菲利浦的父母为他们各买了一篮子的礼物。已知在露西的篮子内有一个时钟，露西和菲利浦的礼物中没有任何一样重复，每个大篮子中的5个盒子皆不相同。试问两人各得到了什么礼物？

图1

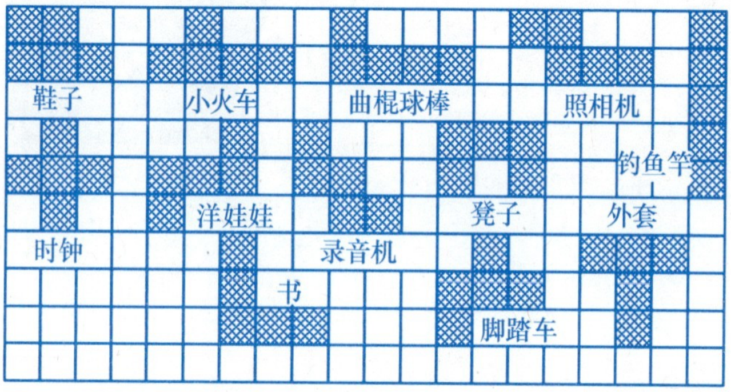

图2

111 野炊

同学们正在野炊，分A、B两组。B组的同学在生火时不小心引着了旁边的枯草，他们边扑火边呼救。A组的王林听见了，提起桶就往河边跑。营地四周完全没有障碍物，来去自由。那么你认为王林到B走哪条路最近？

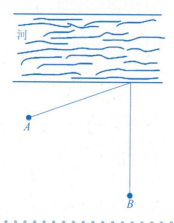

112 四瓣花

下图为一个花朵图案，有4个花瓣，由8条圆弧连接而成，每条弧的半径都是1厘米，圆心分别组成一个正方形的顶点和各边的中点。这个花朵图案的面积是多少平方厘米？

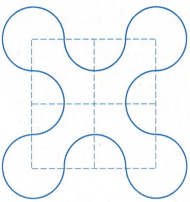

113 "狗"的面积

下图中每个小正方形的面积都是1，那么图中这只"狗"所占的面积是多少？

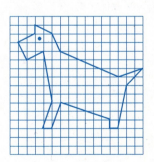

114 巧量对角线

不用勾股定理演算，请只用直尺量出1块砖（即正六面体）2个最远顶点之间的距离。

115 还剩多少个角

要求很简单：下图为一个正方体，锯掉一个角，还剩几个角？请注意，这里的"角"是立体的"角"，它不同于平面上的角。

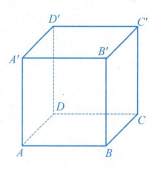

116 立方体涂黑

有一个立方体，其各面全部用漆涂黑，如下图所示。如果你按照图上标出的纵横交错的线条，将其分割为27个小立方体，那么，符合下列条件的小立方体，分别有多少个？

（1）3面均被涂黑的；
（2）2面被涂黑的；
（3）只有1面被涂黑的；
（4）完全没有涂黑的。

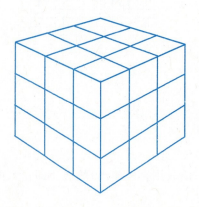

第 3 章

精准计算

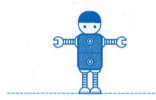

　　提起数学，多数人会立刻想起计算题。的确，计算题和数学的关系最为密切，但它决不仅仅停留在学科的角度，日常生活中也到处可以用到，比如我们天天都需要花钱，自然就需要有计算能力，这应该是最能说明问题的例证了。

　　计算能力是一个人重要的生存能力之一，计算的准确性能够表明一个人是否具有良好的数字逻辑和计算能力，计算的速度可以衡量一个人神经系统的活跃性水平。计算本身就有许多捷径可寻，充满了技巧和趣味。

1 张飞卖猪

据说张飞曾卖过小猪,是个粗中有细的人。一天,他挑着两筐猪来到集上,刚放下担子,就有一个红脸大汉走来说:"我要买这两筐小猪的一半零半只。"话音刚落,又过来一个黑脸大汉说:"你若卖给他,我就买剩下的一半零半只。"没等张飞答话,又挤过来一个白面书生说:"你若卖给他俩,我就买他俩剩下的一半零半只。"张飞一听,不由黑须倒竖,怒上心头。心想:小猪哪有卖半只的,这不是存心欺负俺老张吗?正待动武,但又仔细一想,立刻答应了。结果张飞照他们3个人的说法卖,小猪正好卖完。 聪明的读者,你知道张飞一共卖了多少只小猪吗?他们3人各买了多少只小猪?

2 数学诗

我国古代的劳动人民创造了许多形式新颖独特、朗朗上口、容易记牢、饶有兴趣的数学诗,下面列举几首能用一元一次方程求解的数学诗,请你列方程算一算。

(一)
俺院里,有群鸡,加上七,减去七,乘以七,
除以七,其结果,仍是七,你算算,多少鸡?

(二)
我问开店李三公,多少客人在店中。
一房七客多七客,一房九客一房空。
请你仔细算一算,多少房间多少客?

(三)
李白无事街上走,提着酒壶去买酒。
遇店加一倍,见花喝一斗,
三遇店和花,喝光壶中酒。
试问壶中原有多少酒?

(四)
而立之年督东吴,早逝英年两位数。
十比个位正小三,个位六倍与寿符。
请问先生明算者,多少年寿属周瑜?

3 巧分数字

我有一个主意，把100分成12个数的和，使每个数中都有数字"3"。你知道应该怎么分吗？

4 独具特色的数

有些数字有独特的特点。这里提到的数都是两位数。看看你能找出来几个？

（1）找一个数，这个数的2倍是它的一半加上99。

（2）找一个数，这个数是它的个位数字和十位数字相乘的积的2倍。

（3）找一个数，这个数是它的个位数字和十位数字相加之和的3倍。

（4）找一个数，这个数的一半是它的1/3加上它的个位数和十位数字的和。

（5）找一个数，这个数的个位数和十位数字颠倒，则使它比原来的数增加1/5。

（6）找一个数，这个数本身的个位数和十位数字的积是这个数的个位数和十位数字和的2倍。

（7）找一个数，这个数的个位数和十位数字颠倒，则比原来的数多12。

5 均匀搭配

能不能把1、2、3、4、5、6、7、8、9分成3组，每组3个数，并且使各组的和都相等？

6 和尚分馒头

我国明代《算法统宗》里有这样一道题：一百馒头一百僧，大僧三个更无争，小僧三人分一个，大小和尚各几个？这道题的意思是100个和尚分吃100个馒头，大和尚每人3个，小和尚3人1个，问大小和尚各有多少人？你会怎样解答这道题呢？

7 松鼠采松子

1只松鼠采松子，晴天每天可以采20个，雨天每天只能采12个，它一共采了112个松子，平均每天采14个，问这几天当中有几天是雨天？

8 吃荞麦面

小林和爸爸、妈妈去某地游玩时见到了一种长10米的荞麦面。爸爸和小林同时开始各吃一条。爸爸吃完时，小林还剩最后1米没吃完。当小林和妈妈同时各吃一条，小林吃完时，妈妈也是剩最后1米没吃完。现在，爸爸和妈妈同时各吃一条，当爸爸吃完时，妈妈还剩多少没吃完？

9 会餐

某班学生会餐，每人1个饭碗，2人合1菜碗，3人合1汤碗，共用55个碗。问共有多少人参加会餐？

10 大使馆的晚宴

在大使馆的晚宴中，共有80位各国大使出席。在宴会结束之前，每位出席的大使均已相互介绍、问候，并和其他在场的所有大使握过手。你能算出在这次盛会中一共握了多少次手吗？

11 猎人与子弹

3个猎人在森林里连续打猎好几天。一天早晨，他们遇到了一件不愉快的事：在涉水渡过一条河时，两个猎人的子弹已不能再用了。于是大家就把剩下的子弹都拿出来平分。后来，每个猎人又各打了4发子弹。这时，他们总共剩下的子弹正好等于子弹平分后一个猎人所得的子弹数。那么，他们一共平分了多少发子弹？

12 沙漠卖水

在某个沙漠中的遗址处有个卖水人。游客们从这个遗址到镇上至少需要1升水。卖水人手里有宝贵的5升水，而且他还得从中留出1升来给自己。他想出了一个贪婪的卖水方法：第一升水卖10美元，第二升水卖20美元，每卖一升水价格翻一倍。如果这个方法顺利实施，卖水人可以得到多少美元？

13 运动员的上场时间

一项由6名运动员共同参加的运动，持续时间为40分钟。有4名替补队员，他们替换每名队员，以使每名队员（包括替补）在赛场上活动相同的时间。请问，每名运动员在赛场上多长时间？

14 给胶囊编号

小明的肚子吃坏了，医生看过之后给了他10粒胶囊。从今天起，必须每天吃1粒。每粒胶囊的颜色、形状完全相同，但成分含量却各异。为保证每天所吃胶囊次序不乱，小明决定在胶囊上编号。那么，他需要编几个数字呢？

15 数字刻度

钟表显示的时间刻度在一天当中有多少分钟是连续排列3个以上相同的数字？注意：正午和半夜的12点显示为12：00。

16 算算苹果数

有1篮苹果，3个人分剩2个，5个人分剩3个，7个人分剩2个，你知道这个篮子里最少有多少个苹果吗？

17 卖苹果

A、B、C 3人卖苹果。3人商定总是以同样的价钱出售苹果。结果A卖了11箱，B卖了10箱、C卖了9箱，可是他们所卖苹果钱数却相同。为什么？

18 均分苹果

要将7个相同的苹果平分给8个小孩，并且苹果切口要尽可能少，应该怎样分？

19 木板截角

1块长方形木板，截掉1个角，还剩几个角？

20 切西瓜

一个人拿刀将一个西瓜切了4刀，西瓜被切成了9块，可是，当吃完西瓜后，发现西瓜皮多了一块，于是他又查了一遍，还是10块西瓜皮。请问这个人是如何切西瓜的？

21 魔数的性质

写下任意三位数abc，重复数字使之成为六位数abcabc。
将这个数除以13，余数忽略不计。
将所得的商除以7，余数忽略不计。
最后再除以11。
你看到了什么现象？请解释这个现象。

22 最大得数

把1、2、3、4、5、6、7、8填入下列算式中，使得数最大。这个最大得数是多少？

☐☐☐☐ − ☐☐ × ☐☐

23 智猜年龄

有个人说："从我出生到现在，有1/5的时间是在A市度过的，而现有年龄的1/7加上5年是在B市度过的，其余的时间就一直住在C市。回忆我结婚到现在，恰恰是我现在年龄的一半再加7年。我那个在5年前已经结婚的儿子，今天正好是我年龄的一半。"算一算，这位说话的人今年到底多少岁了？他儿子多大结婚的？与他当年结婚时年龄相差多少岁？

24 双胞胎的秘密

49要乘上多少才能得到4 949？
38要乘上多少才能得到383 838？
请找出4个质数，它们与一个两位数ab相乘所得的乘积为ababab。研究一下，一个两位数ab与73×101×137的乘积会是多少？

25 做作业

小马做事一向马马虎虎，你看他今天的作业，又把一个加数十位上的数字"5"写成"3"，把另一个加数百位上的数字"6"写成"9"，得到的结果是3 217。
你能帮助小马迅速判断出正确的答案吗？

26 记不清的门牌号

小明到小虎家去玩，已经走在他家的那条街上，却一时记不起小虎家的门牌号码。怎么办呢？
常言道，急中生智。小明的心里着急，就从各个角度努力回忆。忽然想起，有一次研究过这个门牌号码数。记得它是一个三位数，十位数字比百位数字大4，个位数字又比十位数字大4。根据这一点零碎记忆，能不能算出小虎家的门牌号码呢？

27 门牌号的难题

两名工人正将一个准备好的门牌钉在一扇新门上。这个房间的号码是4761。剩下的工作就是将4个金属数字钉在门上。作为高智商俱乐部的成员，帕特里克忍不住问布鲁斯是否能将数字钉在门上，组成一个不能被9整除的四位数字，以此来向他挑战。当这个难题解决了之后，布鲁斯问帕特里克是否能将同样的数字组成一个不能被3整除的四位数字。这两个难题的答案是什么？都能被解决吗？

28 电话号码

有一个电话号码是6位数字，其中前3个数字相同，后3个数字是依次减少的3个连续自然数，6个数字加起来，其和是这个电话号码的最后两位数。请你写出这个电话号码。

29 两枚硬币

目前，人民币共有6种面值的硬币：1元、5角、1角、5分、2分、1分。现在我手中握着两枚硬币，它们面值的总额是5角5分，但其中一枚肯定不是5分。那么它们是哪两枚硬币呢？

30 1元钱在哪里

3个学生去一家旅馆住宿，每人交给服务员10元钱。服务员将30元的住宿费交给收款员时，收款员说可以给他们优惠5元，于是服务员拿着5元钱去退还。但又心想，反正这5元钱无法均分给3个学生，便将2元贪污，只退给每个学生1元。事后这个服务员百思不得其解，3个学生每人只付了9元钱，合计27元，加上自己私吞的2元，总共才29元，而当初3个学生共交了30元，还有1元到哪里去了？

31 买票

我打算买一张地铁票，于是递给售票员5元钱，她问我是不是买联票（有两种票：一种为5元的联票，一种为3元的普通票），可是我后面的人同样拿了5元钱买票，售票员却什么也没有问，给了那人一张联票。请问：这是为什么？

32 农民卖梨

有一位农民带着两篮子的梨到市场上去卖,每个篮子里有30个梨。他想这样卖:第一篮每2个梨卖1元钱,第二篮每3个梨卖1元钱,估计共可收入25元。后来他把两篮子的梨混在一起卖,以每5个梨2元钱的价格卖出,结果共收入24元。为什么会得到这样的结果?

33 存多少钱

张师傅家中存钱不足3 000元,他想把这笔钱分装在几个信封里,可怎么也分不平均,他算了算,若分装2个信封,会剩下1元;分装3个信封,会剩下2元;分装4个信封,会剩3元;分装5个信封,会剩4元……分装10个信封,会剩下9元。你知道张师傅到底存了多少元钱吗?

34 鸡生蛋

5只鸡,5天生了5个蛋。如果想在100天里得到100个蛋,需要多少只鸡?

35 蜗牛爬井

井深10米,1只蜗牛由井底向井口爬,白天爬3米,晚上溜回2米。问蜗牛几天能爬到井口?

36 爬楼梯

从1楼上到4楼,共用48秒。若以同样的速度上到8楼,还需多少秒?

37 计算书页

如果1本书共有160页,剪下从30页到75页,那么该书还剩多少页?

38 猫狗赛跑

猫和狗赛跑。猫每秒钟跳3次,每次跳2尺远。狗每秒钟每次跳3尺远。赛跑的路线是50尺直线距离跑来回,共100尺。问谁会获胜?

39 兄妹赛跑

哥哥和妹妹进行百米赛跑,当哥哥到达终点时,妹妹才跑了90米。为了让他们同时跑到终点,将哥哥的起跑线后移10米。试问,这样做能否达到预期目的?如果将妹妹的起跑线前移10米,情况又怎样?

40 兄弟同校

弟弟从家步行到学校需要30分钟;而哥哥从家步行到学校只需20分钟。如果弟弟先从家出发,5分钟后哥哥才出发。请问:几分钟后哥哥会追上弟弟?在什么地方追上?谁先到学校?

41 考试

小王参加考试。试卷上共有30道选择题,要求从3个答案中选一个,每题各1分,15分以上就及格。从概率上来说,即使胡乱填写,也可答对其中的1/3,即10道题,况且小王有绝对的信心答对6道题。小王认为,无论如何自己也会及格。这种想法可能实现吗?

42 两个女朋友

菲尔有两个女朋友,贝基和萨拉,分别住在城北和城南,他不能确定该去看谁,于是随机到达车站时哪个方向的车先来,他就上哪趟车。向南的车是整点和整点过后的15分、30分、45分发车,向北的车是整点过后的1分、16分、31分、46分发车。一个月后,菲尔感到命运似乎在告诉他什么,因为他只去看过贝基两次,却看了萨拉28次!这是为什么?

43 同一天过生日的概率

假设你在参加一场由50人组成的婚礼,有人或许会问:"我想知道这里两个人的生日一样的概率是多少?此处的'一样'指的是同一天生日,如5月5日,并非指出生时间完全相同。"你知道答案吗?

44 宝石窃贼

查理曼大帝有一面镶有32颗宝石的镜子。镜框的上、下和左、右各边都有12颗宝石。皇帝的一个仆人偷走了其中的4颗,但很奇怪,镜框每边的12颗宝石一颗也不少。窃贼是怎么做到这一点的呢?

45 滑雪

滑雪度假村里有10处不同的起点和终点。无论你想从哪个点到其他任何一点都必须买一张单行票。现在,如果我想从每个点到所有其他的点,共需买多少张单行票?

46 买香烟

E君在自动售货机前买了150元、200元、230元3种价钱不等的香烟,一共付了1 500元。请问:每种香烟他各买了几包?

超级大脑
优秀学生超爱玩的数学游戏大全

47 卖鸡蛋

一位农妇到市场上去卖一篮子的鸡蛋。她把全部鸡蛋的1/2卖给了第一位顾客,把剩下的1/2卖给了第二位顾客,再把剩下的1/2卖给了第三位顾客……当第六位顾客来到时,农妇把最后剩下的1/2鸡蛋,即1个鸡蛋卖给了他。请你算一算农妇篮中最初共有多少个鸡蛋?

48 数学博士的法眼

数学博士总是能一眼看出数字之间的关系。举例来说,她注意到她的门牌号码和两位朋友的门牌号码正好是3个连续的质数,而且乘积就是她家的电话号码。
数学博士住在两位朋友的中间,她的电话号码有5位数,第一个数字是6。
请算出数学博士的门牌号码及电话号码。

49 各有多少张

面值是2元、5元的人民币共27张,合计99元,面值是2元、5元的人民币各有多少张?

50 取出多少钱

钱袋中有1角、2角、5角3种硬币。甲从袋中取出3枚,乙从袋中取出2枚,取出的5枚硬币仅有两种面值,并且甲取出的3枚硬币面值的和比乙取出的2枚硬币面值的和少3角,那么取出的钱数的总和最多是多少角?

51 算算这笔账

小明哥哥的商店里同时放着甲、乙两种收录机，售价都是990元。但是甲种收录机是紧俏商品，赚了10%；乙种收录机是滞销品，赔了10%。假如今天两种收录机各售出一台，小明哥哥的商店是赚钱了还是赔钱了？若赚了，则赚了多少元钱？若赔了，则赔了多少元钱？你会算这笔账吗？

52 租车旅游

我雇了一辆带导游的出租车，从阿姆斯特丹出发，去花之都阿尔斯梅尔。途中，在刚好位于阿姆斯特丹与阿尔斯梅尔正中间的K镇，朋友A和B上了车。3个人游览了花之都后踏上了归途。A要在K镇下车，B和我一起回到阿姆斯特丹。3个人决定各人按各自乘车行程均摊车费。从阿姆斯特丹到阿尔斯梅尔往返为24荷兰盾，K镇正好位于两地之间。3个人各需付多少车费？

53 试营旅馆

我们大家一起来试营一家有80间套房的旅馆，看看知识如何转化为财富。

经调查得知，若我们把每日租金定价为160元，则可客满；而租金每涨20元，就会失去3位客人。每间住了人的客房每日所需服务、维修等项支出共计40元。

问题：我们该如何定价才能赚最多的钱？

54 年薪的选择

A、B两家公司刊登招聘广告，除了下面所列的两点不同之外，其他的条件完全相同。A公司：年薪100万元，每年加薪20万元。B公司：半年薪50万元，每半年加薪5万元。若以3年工作期的薪水高低来选择，应选哪家公司？

55 打碎的玻璃杯

某玻璃厂要为商场运送1 000个玻璃杯，双方商定每个玻璃杯的运费为1元。如果打碎一个，不但不给运费，而且要赔偿3元，结果运到目的地后结算时，玻璃杯厂共得运费920元，求打碎了多少个玻璃杯？

56 女人的年龄

一位女程序设计师利用计算机计算出自己的年龄、她养的猫的年龄和她家的门牌号码这3个数字的乘积是17 654。你能依据这些资料推算出她今年多少岁吗？

57 汽车进口商

一批进口小汽车刚由货船上卸下，停放在码头边。汽车进口商在核对过车型之后，就到海关办公室完成必要的手续。他在那里发现这批汽车原价的总和是1 111 111英镑，这个数字令他觉得十分有趣。这是为什么呢？

58 趣猜年龄

甲：您多大年纪？

乙：您猜猜看。

甲：好吧。您的岁数除以3，余数是多少？

乙：是2。

甲：您的岁数除以5，余数是多少？

乙：是0。

甲：您的岁数除以7，余数是多少？

乙：是1。

甲：让我想一想……您的年龄是50岁，对吗？

乙：太妙了，完全正确！您是怎么知道的？

事实上，你只要知道一个人的年龄除以3、5和7的余数，你就能算出他的年龄。你能说说为什么吗？

59 伪慈善家

慈善家洋洋得意地说:"在上个星期,我把50枚银元施舍给10个可怜的人。我不是平分给他们的,而是根据他们困难的程度进行施舍。因此,他们每个人得到银元的枚数都不相同。"一个聪明的青年听了很生气,说:"你是一个伪慈善家,你说的全是谎话!"这个青年为什么这样说?根据是什么?

60 算年龄

今天是我13岁的生日。在我的生日PARTY上,包括我共有12个小孩相聚在一起。每4个小孩同属一个家庭,12个人分别来自A、B、C这3个不同的家庭,当然也包括我所在的家庭。有意思的是,这12个小孩的年龄都不相同,但都不到13岁。换句话说,在1~13这13个数字中,除了某个数字外,其余的数字都表示某个孩子的年龄。我把每个家庭的孩子的年龄加起来,得到以下结果:

家庭A:年龄总数为41,包括一个12岁;

家庭B:年龄总数为22,包括一个5岁;

家庭C:年龄总数为21,包括一个4岁。

只有家庭A中有两个孩子只相差1岁。请问:每个家庭中的孩子各是多大年龄?

61 制作组合柜

要制作一套组合柜,甲独做需要10小时,乙独做需要20小时,丙独做需要30小时,丁独做需要40小时。现在让4人合作,多少小时可以完成?

62 池塘里的睡莲

池塘里睡莲的面积每天长大1倍,若经过17天就可长满整个池塘。试问:需要多少天,这些睡莲能长满半个池塘?

63 无价之宝

一位在南美洲淘金的老财主不仅淘到了大量的金子，而且淘到了许多钻石。为了向别人炫耀自己的财富，他用自己淘到的钻石镶成一个世界上绝无仅有的无价之宝。第一天，他决定从保险柜里取出1颗钻石；第二天，他取出6颗钻石一起镶在了第一天钻石的周围；第三天，又多了一圈，变成了两圈；又过了一天，又多了一圈，变成了3圈。6天过后，一颗钻石变成了一个巨大的钻石群，真的成为一块闪闪发光的无价之宝。请问：这块无价之宝一共有多少颗钻石？

64 面向老师的有多少人

有40名学生面向老师排成一行，从1开始依次报数，报数完毕后，老师请报数为4的倍数的学生向后转，接着又请报数为6的倍数的学生向后转。这时，面向老师的有几人？

65 换啤酒

用4只空啤酒瓶可以换1瓶啤酒。老李收集了127只空瓶子，他可以换得多少瓶啤酒？

66 合理取酬

有一摞砖，由A、B、C 3人共同搬运，A搬了50块，B搬了40块，结果全部搬完。C因病未搬，就付了9元钱酬金，这笔钱由A、B按劳动量来分。请问，怎样分才合理？

67 换空瓶的学问

星期天，小军、小帆和几个同学结伴去爬香山。他们爬到半山腰又渴又累，正巧旁边有个小卖部，小卖部的小黑板上写着：凡购买本店汽水，每3个空瓶可换1瓶汽水。他们买了4瓶汽水，喝完后，用其中的3个空瓶换回1瓶汽水，把这1瓶喝完又有了1个空瓶，这时，共有2个空瓶。2个空瓶换回瓶汽水还差1个空瓶，怎么办呢？小军灵机一动，跟旁边的叔叔借了1个空瓶，他们用这3个空瓶又换回1瓶汽水，喝完后，将空瓶还给了叔叔。就这样，他们买了4瓶汽水，却喝了4＋1＋1＝6（瓶）汽水。如果他们买6瓶汽水，一共能喝到几瓶汽水？如果买8瓶、40瓶呢？算一算，很快你就会发现，买的瓶数少，用这种换来换去的方法算起来比较容易，买的瓶数多，算起来就比较麻烦。那么有没有更简便的方法呢？当然有，不过，请仔细想一想吧。

68 旅行花销

A、B、C、D、E、F 6人想在旅行地将带去的外币用完，所以要买些东西。不巧，钱不够了，于是A和B凑钱买了一件；C、D、E 3人凑钱买了两件与A、B同样的东西。5人的钱都花光了，只有F一分钱也没花，又把它带了回来。当初，6人所有的钱分别是15美元、16美元、18美元、19美元、20美元和31美元，但不知谁各有多少美元。从这些数字中，你可以推出F带了多少钱吗？

69 分摊车费

A、B二人看完戏回家，正好顺路，就同乘一辆出租汽车。A的家距戏院只有4千米，先下车了。出租车又走了4千米到B的家，B付了12元车费。这车费应由二人分摊，请问A应出多少元钱？

70 4种报

某班有70％的同学订《少年报》，75％的同学订《语文报》，80％的同学订《数学报》，85％的同学订《英语报》，问同时订这4种报的最小百分比是多少？

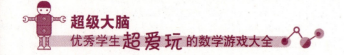

71 3人吃包子

有3个农民来到客店吃饭。他们向店主人订了小笼包子,而后他们却睡着了。店主人做好后没叫醒他们,把这笼包子放在桌子上走开了。第一个农民先醒了,他数了数包子,吃了其中的1/3,就接着睡了。第二个农民醒了,他不知道一个同伴已经吃了一份。他数了数剩下的全部包子,吃了其中的1/3,也接着睡了。后来,第三个农民也醒了,他也以为自己是第一个醒的,把包子数了一遍,也吃了其中的1/3。这时前两个农民都醒了,发现笼里还剩8个包子。请你算一算:店主人送来多少个包子?每个人吃了几个包子?按平均分配,每人还应该再吃几个?

72 3种昆虫

蜻蜓有6条腿,2对翅膀;蜜蜂有6条腿,1对翅膀;蜘蛛有8条腿,没有翅膀。现在有一些蜻蜓、蜘蛛和蜜蜂,已知它们的总数量为18只,共有118条腿,20对翅膀。请问每种昆虫各有多少只?

73 汽车大赛

一年一度的国际汽车大赛就要开始了。比赛中,汽车总是沿着一定的方向奔驰,所以汽车内侧的轮子和外侧的轮子所跑的距离是不同的。假设现有一条直径为50米的圆形跑道,内侧与外侧轮子间的宽度为2米,则汽车跑一圈,外侧的轮子比内侧的轮子多跑约12.56米。如果这是一条直径为500米的圆形跑道,那么跑一圈,外侧比内侧多跑多少米?

74 站台怪现象

小明所乘坐的电车时速为36千米/小时(秒速为10米/秒)。当这辆电车通过小镇的某车站时,小明看到车站这头20秒后才看到那一头,可是站台长度为100米。若这是事实的话,那么究竟发生了什么事呢?

75 公交车站上的数学

当你赶到公交车站,看见要坐的那趟车刚刚离站,常常会很沮丧:太糟糕了,错过了最近的一班车。如果到站时没看见汽车离站,你会怎么想呢?上一班车开走了,下一班说不定马上就到。

日常生活中常有这样的情况:等了很久都没来车,忽然一下来了两三辆车。我一向认为等车是运气问题,但数学家不这么看,他们给出了我从未想到过的答案。

公交车为什么会会合?即使公交车每隔15分钟准时开出车库,乘客到达车站的稀密程度却是不一样的。某个站点忽然会有大量乘客聚集,他们须买票或者刷卡才能上车,这就使遇到这一情况的公交车慢了下来,从而使下一站集合了更多的乘客。同时,后一辆车更接近前车,因为两车之间的候车时间减少,后车揽到的乘客少了,行驶速度加快。结果,要么是后车赶上前车,要么两车同时到站。

假定公交车每15分钟从车库驶出一辆,到达你所在的车站时3车会合,每辆车前后相差1分钟。你知道自己平均等车的时间是多少吗?

76 散步问题

父子两人带狗出去散步。儿子牵着狗先走,10秒钟后父亲才出发。父亲刚出门口,狗便一溜烟地向父亲跑来,还未等站稳就又调头朝儿子奔去。就这样,狗在父子之间来回撒欢。假设狗的速度是5米/秒,父亲的速度是2米/秒,儿子的速度是1米/秒。那么,在父亲追上儿子之前,狗要跑多少米呢?

77 准时到家

小华从学校骑自行车回家。他计算:如果每小时行驶10千米,那么他午后1小时就可到家;如果每小时行驶15千米,那么他中午前1小时就到家了。而他家是中午12点整开饭,问小华应以多快的速度行进,才能正好赶上开饭时间?

78 需要跑多快

小路从A城跑到B城的平均时速为30千米/小时,准备由B城返回A城时他说:"一定要使往返的平均速度提高到60千米/小时。"请问:小路返回时平均时速为多少才能达到预想结果?

79 两只手表

我在同一时间看了两只手表,后来发现有一只手表每小时要慢2分钟,而另一只手表每小时要快1分钟。我再次去看表时,发现走得快的那只表要比走得慢的那只表整整超前了1小时。试问:手表已经走了多少时间?

80 走不准的表

某表的时针和分针重合一次需65分钟(实际时间),问这块表是走得快了还是慢了?

81 现在是什么时间

有4个人坐在火车站的候车室的一条长椅上。一老者走上前去,问道:"请问,现在是什么时间?"4个人同时看了一下自己的手表,然后分别做了回答:
甲说:"现在是12点54分。"
乙说:"不,是12点57分。"
丙说:"我的表是1点零3分。"
丁说:"我的表是1点零2分。"
事实上这4个人的表分别有2分钟、3分钟、4分钟和5分钟的误差(这一顺序并非对应于他们回答时的顺序)。你能够计算出当时的准确时间吗?

82 现在是几点

有一座钟,1点响1次,2点响2次……12点响12次。在伸手不见五指的黑房子里,小迪一觉醒来,即听到了钟声,不过他可能是在钟响了几声后才听到的,所以不知现在是几点。过了约一个小时,钟又响了,这次小迪从一开始就数了响声数,刚好12次。钟响一声时长为1秒,每声间隔4秒,能够确认钟声次数就算钟响结束。现在,小迪为了确认是否为12点,从他醒来到听完第二次钟声,最多需要多长时间?

83 怎样评比

有200名新生分成4个班,一、二班为快班;三、四班为慢班。各班人数依次为50、60、50、40。有张老师、王老师两位老师,张老师教一、三班,王老师教二、四班。一年过去了,两位教师所教班级的统考及格率见下表:

教师	快班及格率	慢班及格率
张老师	84%	42%
王老师	80%	40%

根据这个结果,算算谁的班级及格率高?

84 巧算比分

一场精彩的篮球赛刚刚结束,球迷们都议论纷纷:
1.选手们的体力真棒!全场比赛中,双方都没有换过人。
2.双方的技术都很高明。得分最多的一名队员独得30分,只有3名队员得分不满20分,并且他们所得的分数各不相同。
3.客队的个人技术相当均衡,得分最多的和最少的只相差3分。
4.全场比赛中只有3名队员得分相同,是22分,他们不在同一个队。
5.主队的个人得分数正好是一组等差数列,真是难得的巧合。
球迷小王因为要上班,错过了观看这次精彩球赛的机会。但他听到上述议论时,立刻高兴地喊道:"太好了!主队赢了6分,真不简单!"接着,他还正确地报出了比赛结果和双方队员的个人得分数。你能推算出这次比赛的具体结果吗?

85 蜡烛的精神

一根蜡烛长18厘米,质量为59克,密度为0.9克/厘米^3,如果把蜡烛竖直地放在水中,保持它稳定不倒,必然有一部分浮出水面。这样,蜡烛仍然可以点燃发光。随着蜡烛烧去一部分,原来沉没在水下部分的蜡烛,它所产生的浮力就会大于蜡烛的重力,于是浮力使蜡烛继续浮出水面。问蜡烛被水淹灭时,蜡烛的总长如何变化?

86 渔夫和草帽

有位渔夫，头戴一顶大草帽，坐在划艇上钓鱼。河水的流动速度是3英里/小时，他的划艇以同样的速度顺流而下。"我得向上游划行几英里，"他自言自语地说道，"这里的鱼儿不愿上钩！"

正当他开始向上游划行的时候，一阵风把他的草帽吹落到船旁的水中。但是，我们这位渔夫并没有注意到他的草帽丢了，仍然向上游划行。直到他划行到船与草帽相距5英里的时候，才发觉草帽丢了。于是他立即掉转船头，向下游划去，终于追上了他那顶在水中漂流的草帽。

在静水中，渔夫划行的速度总是5英里/小时。在他向上游或下游划行时，一直保持这个速度不变。当然，这并不是他相对于河岸的速度。例如，当他以5英里/小时的速度向上游划行时，河水将以3英里/小时的速度把他向下游拖去，因此，他相对于河岸的速度仅是2英里/小时；当他向下游划行时，他的划行速度与河水的流动速度将共同作用，使得他相对于河岸的速度为8英里/小时。

如果渔夫是在下午2时丢失草帽的，那么他找回草帽是在什么时候？

87 座位循环

一天晚上，大众餐厅来了一群穿着简朴、风尘仆仆的年轻的顾客，原来他们是从家乡外出打工来到城里的。服务员给他们上好了饭菜，不料，几位年轻人为了座次的安排却发生了争执。这时，饭店经理走过来，态度从容、胸有成竹地说："咱们的饭店，价廉物美，首先我们欢迎各位光临。这样吧，你们把现在的入座情况记下来，明晚再来，请按另一个次序排列，后天再来，再按一个新的次序排列。一句话，你们每次来吃饭都不要重复上一天的座次，这样不论首席、末席人人都会轮着，公平合理。同时本店另有优惠：你们总共8位客人，等到全部轮流一遍，恢复到今晚这样座次时，我们饭店将不再收费。每晚免费供给你们一顿晚餐，而且这顿晚餐，任你们挑选，要什么菜，就上什么菜，各位意见如何？如果你们同意，咱们签协议。"

"好！"这几位年轻人一致赞同，于是经理与他们郑重地签了协议。从此，这8位年轻人每晚都按不同座次到大众饭店就餐。再也没有争论，气氛融洽友好。就这样，日复一日，一个月过去了，两个月过去，冬去春来，这几位轻年人挣了些钱都准备回家过春节了。可是他们在饭店就餐的座次仍然没有与第一次的座次重复。请问，这是什么原因呢？

第4章

奇妙图像

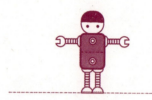

本书中的"图像",是一个内涵十分广泛的综合性概念,不仅包括各种几何图形、灰度图案,还包括由数字、字母、文字等诸多元素构成的思考题和谜语。它虽然复杂神秘,但却并非高不可攀;尽管种类繁多,却赏心悦目。进入图案的世界,需要有一双能够"透视"的眼睛,才能把这些游戏看得真真切切。

1 大象究竟有几条腿

下图是一幅视幻图形。仔细观察下图中的大象究竟有几条腿。

2 多少条腿

有一群躲躲闪闪的隐身人,他们把身体藏起来不让别人看见,只肯半遮半掩,在下图中露出一条腿来。数数看,在图中共能看到多少条腿?

3 大鱼和巨鸟

下图中画着一条大鱼、一只巨鸟和两个人。

他刚刚抵达一小块草滩，又有一条鱼恶狠狠地甩着尾巴向他冲来。

图1

一眼就能看出，画面上有一条凶狠的大鱼，把一位戴草帽乘小船的老爷爷吓得瞪圆了眼睛张大了嘴。

可是，巨鸟在哪里呢？另外一个人又在哪里呢？

4 看到几个人

在下图中，每位隐身人只露出头的一部分来。数数看，图中能看到几个人？

图2

5 找出相同的图

下面有6幅图,哪两个图相同?

　(1)　　　　(2)　　　　(3)　　　　(4)　　　　(5)　　　　(6)

6 找出不一样的图形

下列哪个图形和其他几个不一样,你能找出来吗?

　A　　　　　B　　　　　C　　　　　D

7 找出与众不同的图

下列各图中,哪一项是与众不同的?

　A　　　　B　　　　C　　　　D　　　　E

8 视觉想象力

人在思考时能根据需要,在大脑中构造出某种图形或抽象概念、感性外观,这就是视觉想象。人的大脑就像长了眼睛,这些视觉想象物能移动、旋转、变化以及被分析。你的视觉想象力越强,你大脑中的这双眼睛就越敏锐,你的视觉想象物及其运动在你的大脑中就越清晰。下面来检测一下你的视觉想象力。请看下图:一个轮子放在一个平面上,轮子边缘有一黑点(如下图所示)。让轮子在平面上滚动,试画出黑点随着轮子滚动时走过的轨迹。如果把平面线换成一个圆圈,让这个轮子沿着大圆圈的内侧滚动,你还能画出黑点走过的轨迹吗?

9 图形方阵

在每个方框中填入这些图形中的任意一个,使不论横行、竖行还是对角线上都有这5种图形,且不重复。

10 隐藏的数字

图A中可以看见一个数字4，图B中可以找到和这个4的形状、大小完全一致的4，它在哪里？

A

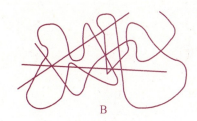

B

11 找出特殊的图

下列5个图形中，哪个图形是特殊的？

A　　　　B　　　　C　　　　D　　　　E

12 与众不同的图形

概括下列6幅图形的特点，从中找出一个与其他图案不同的选项。

A　　　　B　　　　C　　　　D

E　　　　F

13 大圆和小圆

下列哪个图形与众不同?

    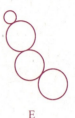
A　　　　　B　　　　　C　　　　　D　　　　　E

14 找出替代问号的图形

概括图形的排列规律,找出替代问号的图形。

15 填补图形

下图中A~D 4个图形,哪个适合填在空白处?

16 破解图像密码

问号处应为什么图像?

A　　　　　B　　　　　C　　　　　D

17 规则的闪电

如果天空中的闪电是按照规律出现的,那么下一道闪电应该是A、B、C、D中的哪一个?

A　　　B　　　C　　　D　　　E

18 取代问号的箭头组合

A、B、C、D中的哪个应该取代问号?

 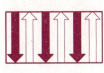 
A　　　　　B　　　　　C　　　　　D

19 取代问号的水果组合

下图A、B、C、D中的哪种水果组合应该取代问号?

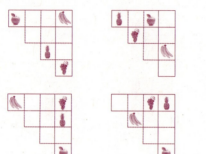

A   B   C   D

20 不相称的图形

下图中哪个图与其他图不相称?

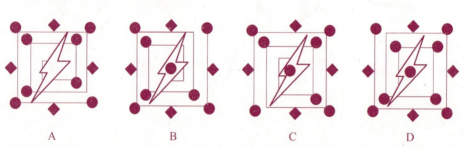

A   B   C   D

21 不相称的组合

下列哪种组合与其他3种不相称?

A   B   C   D

22 按顺序铺地砖

办公室地面的地砖是按照一定顺序铺上的，每8块地砖组成一个循环。A、B、C、D中的哪块地砖应该取代问号？

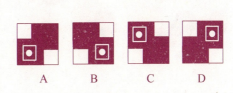

23 特殊的墙面

下图是一位艺术家房间里的4面墙的示意图，其中有一面墙是特殊的，你能找出来吗？

A

B

C

D

24 表格接龙

在这一系列表格中，下一个应该出现的表格是哪个？

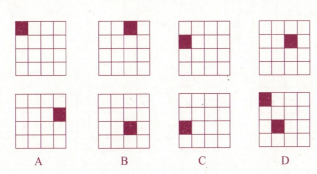

25 不相称的马赛克组合

下图中哪种马赛克组合与其他3种不相称?

A

B

C

D

26 不相称的瓷砖组合

下列哪种黑白瓷砖组合与其他3种不相称?

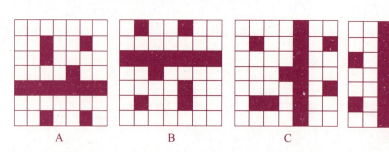

A　　　　B　　　　C　　　　D

27 取代问号的瓷砖拼图

A、B、C、D、E中的哪种瓷砖拼图应该取代问号?

按照　　　　转化为　　　　那么　　　　转化为　　？

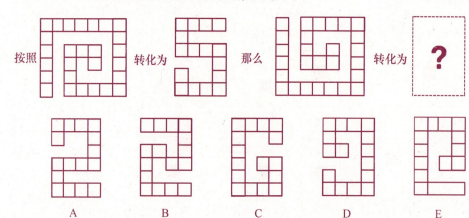

A　　　B　　　C　　　D　　　E

28 多米诺骨牌组

右侧答案组中的哪个多米诺骨牌适合左侧多米诺骨牌组呢？请找到这样的一张牌，它的上面和下面的点数能够有意义地补充左侧多米诺骨牌组。

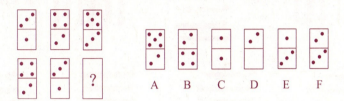

29 多米诺骨牌方阵

问号处应为哪张骨牌？

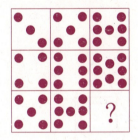

30 有多少个呢

下图中，圆点出现在多少个圆圈中呢？

31 类比排列(1)

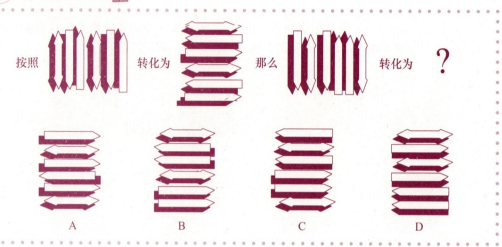

32 类比排列(2)

按照A转化为B,那么C转化为D、E、F、G、H中的哪个?

A

B

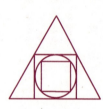
C

D

E

F

G

H

33 骰子的轨迹

下图中骰子滚动一面到方格2,依此类推,一次一面,依次滚动到方格3、4、5、6。到方格6时,向上的一面是几点?

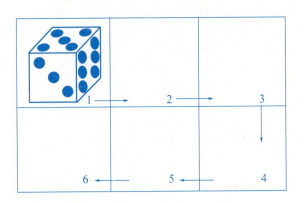

34 图形方阵

在每个方框中填入这些图形中的任意一个,使不论横行、竖行,还是对角线上都有这5种图形,且不重复。

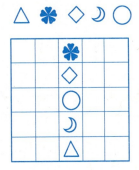

35 想象轮廓

想象一下,将所有包含了黑点的图形用深色笔涂满后,得到的是什么场景呢?

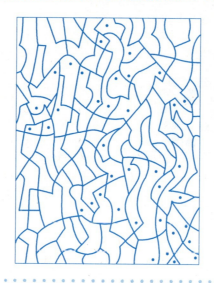

36 分割三角形

把长方形分成几部分,使每部分的面积、形状和所包括三角形的数量相等。如果3个条件都满足,最少可以把长方形分成几部分?

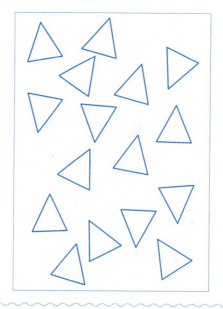

37 数字骰子

下列数字骰子的各个面中，有两个面上的数字是相同的，你能找出这两个面吗？

 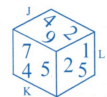 

38 选出特殊图形

下列6个图形中，哪个图形是特殊的？

39 查漏补缺

先概括下图中图案的规律，然后猜猜看，缺掉的图形是哪一块？

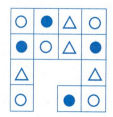

A　　　　　B　　　　　C　　　　　D

40 符号对应

参照图1和图2的对应关系，那么图3应该和哪一项是对应的？

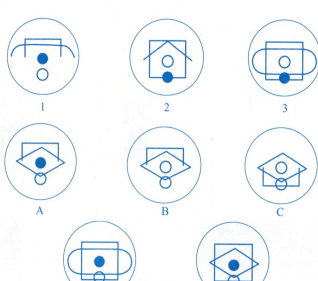

41 符号排列的顺序

以下选项中,哪个图可以放在问号处以完成下面的符号序列?

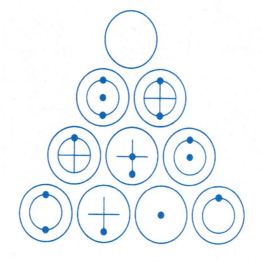

A   B   C   D   E

42 按顺序选图形

按次序接下来的应该是方框中的哪个图形?

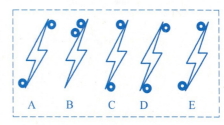

43 地砖拼图

下列地砖拼图中,如果A转化为B,那么C则转化为D、E、F、G、H中的哪一个?

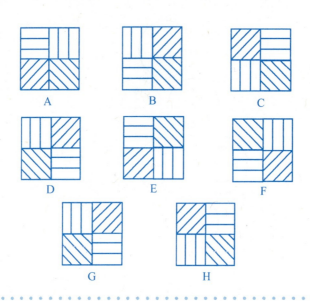

44 图形接龙

按照前3个图的顺序,第四应该是A、B、C、D、E中的哪个图?

45 图像金字塔

问号处应为什么图像？

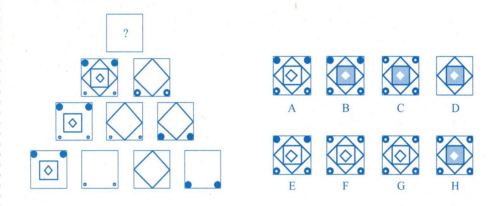

46 病人搬家

医院的私人病房区共有5间单人病房。最右边的急诊病房现在空着。其他几个病房里分别住着A、B、C、D 4位病人。现在他们住的病房标着他们姓名的头一个字母（如下图所示）。

病人们看来都很满意，但护士长却在考虑D与A换位置，C与B换位置。看来护士长是个很有条理的人，因为这样一来所有病人的位置就会按字母顺序排列，便于管理。既然所有的病人都为住私人病房付过了费用，所以，不能把两位病人同时安排在同一间病房里，而且也不能在一位病人搬家时，将另一位病人留在风大的走廊里无人照管。为了执行护士长的命令，那个愁眉苦脸的小护士最少要为病人搬几次家？

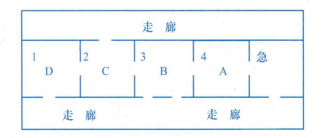

47 寺院里的玻璃

有一座镶嵌有玻璃的特别美丽的寺院。如图（1）所示的8块玻璃，被镶到窗户上后变成了图（2）的形状；现在想重新改变一下样式，做一个长方形的窗户。那么，在不裁断、划破玻璃的条件下，采用这8块玻璃材料，是否能够做成一个长方形呢？

(1)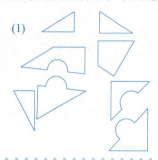

(2)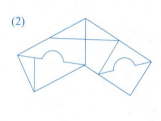

48 狭路超越

老师布置了一个名叫"狭路超越"的游戏：在一段两端开口的透明软塑料管内，装有11颗大小相同的滚珠，其中有5颗是深颜色的，有6颗是浅颜色的（如下图所示）。整段塑料管的内径是均匀的，只能让一个滚珠勉强通过。然后想尽一切办法把深颜色滚珠取出来，但如果不先取出浅颜色的滚珠，又不切断塑料管，深颜色的滚珠是不会出来的。那该怎么办呢？

49 警察捉小偷

下图中"○"子为警察，"●"子为小偷。从各自的位置上起步，警察沿线先走一步，接着小偷也沿线走一步，如此反复，赌一下输赢。看警察能否抓到小偷。假如警察走到小偷的棋子上为赢，小偷让警察抓不到为胜，有没有什么方法使走哪一方都能赢？

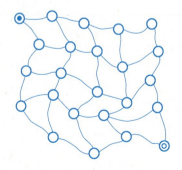

第5章

"摆平"等式

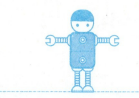

现代人经常用"摆平"这个词,其实就是在寻找思维科学领域里的"="。在思维科学领域,等式游戏考查的是如何找到联系的规律,与数学相关的等式居多。如何将"="两端"摆平",是需要动一番脑筋的。

许多用常规的数学知识无法解释的等式,为什么在本书中能够成立?此中玄机何在?根据辩证法原理,世间万物相互之间都是存在联系的,只不过相互之间的联系有远近之分、大小之别。然而,此类游戏中"="的玄机远非像辩证法解释得这样简单,它涵盖了社会生活中的诸多领域,考查的绝对是"另类思维",你不妨一试。

第5章 "摆平"等式

1 算术积木

哥哥看见弟弟在玩"算术积木",便笑嘻嘻地拿起7块积木(如下图),说:"我来考考你怎么样?""好啊,哥哥老师!""让你从这7块积木中随意挑选几块,把它们构成一个算术题,使它的结果等于75吗?"弟弟可被考住了。这个题并不难,可是应该怎么做呢?请你想想看!

2 一五一十

这是一道看似极为简单,但却又是非常奇特的算式。被它难倒的人不计其数。
要求在数字链9753中,添入适当的运算符号,使它组成一道得105的算式:
很多人会选择加号,算式写成:
$$97 + 5 + 3 = 105$$
当然了,这也算不上什么智力测验了。请你思考:
你能不能给数字链9753中添入除了加号以外的运算符号,也能够组成一道得105的等式呢?

$$9\ 7\ 5\ 3 = 105$$

3 趣凑算式

请把除去7以外的1~9中的8个数字分别填入空格内,使之组成两道含有四则运算的等式。试试看,能行吗?

4 趣填符号

图中的每道算式都要用上"+、-、×、÷"4种不同的运算符号各一次,使它们都成为等式。应该怎样填呢?

　　　　　1　2　3　4　5　6=10
　　　　　1　2　3　4　5　6=30

5 事半功倍

下面有两道算式,出现了数字1、2、3、4、5、6、7、8、9及+、-、×、÷各一次,得数都是50。

43 + 7 ÷ 1 = 50

59 × 2 - 68 = 50

想想看,能不能调整一下数字,使它们成为得100的算式呢?

　　□□ + □ ÷ □ =100

　　□□ × □ - □ =100

6 数字排排坐

把"+、-、×、÷、="这5个数学运算符号放入数字中间,使其符合数学四则运算规则即可(数字排列顺序不可变)。

(1) 2 7 6 3 8 1 9 0 4 5

(2) 2 9 0 1 4 5 6 3 7 8

(3) 6 7 2 0 5 4 1 9 3 8

7 从1回到1

请你不改变数字排列的顺序，在每行中的各个数字之间加上算术运算符号，然后进行计算，使每行计算的结果都等于1。如果需要先做加减，后做乘除，这时你可以加上括号。如有必要，也可以把两个数字合并成两位数计算。

1 2 3=1
1 2 3 4=1
1 2 3 4 5=1
1 2 3 4 5 6=1
1 2 3 4 5 6 7=1
1 2 3 4 5 6 7 8=1
1 2 3 4 5 6 7 8 9=1

8 如何添入数字"1"

请你给算式中添入一个数字"1"，使它成为一道正确的等式。你能行吗？

23×4+234=1 177

9 巧添加减号

按顺序写下9个自然数：1、2、3、4、5、6、7、8、9，不改变它们的顺序，只在数字之间适当添进加减号，使运算结果刚好等于100。请分别添进3个和4个加减号，试试看。

10 两个算式

从0到9，共有10个不同数字，分别填进下面的10个空格里，使它们成为两道正确的算式，应该怎样填？

11 连环等式

请将0至9这10个自然数填入"□"中，使之成为一道相等的连环等式。

□ × □ ÷ □ + □ − □ = □ × □ ÷ □ + □ − □

12 乘除等式

将数字0、1、3、4、5、6填入下面的"□"内，使等式成立，每个空格只填入一个数字，并且所填的数字不能重复。

□ × □ = □2 = □□ ÷ □

13 除法等式

把数字1～9这9个数字填入方格内，使等式成立，每个数字只能用一次。

□ ÷ □ = □ ÷ □ = □□□ ÷ □□

14 加法的答案

0加0除了等于0之外，还可以等于几？

15 奇怪的等式

在什么情况下7+8=3？

16 得出100

老师在黑板上连续写了9个自然数字：
$$123456789$$
你能在这几个数字中间，只填上3个运算符号，使算式的答案等于100吗？

17 巧成100

你能否用6个9来表示100？

18 连环等式

请将0~9这10个自然数填入"□"中，使之成为一道相等的连环等式。

□ × □ ÷ □ + □ − □ = □ × □ ÷ □ + □ − □

19 动物等式（1）

每个动物的值是多少？

20 动物等式（2）

如果一只小鸡的价值是6，那么其他动物的价值多少？

21 交叉等式

图中9个方框组成4个等式，其中3个是横式，1个是竖式。如何在这9个方框中填入1~9中9个数字，使得这4个等式都成立。注意，每个数字必须填一次。

```
□ - □ = □
□ ÷ □ = □
□ + □ = □
```

22 找回等式（1）

如下图，移动了哪一根火柴，使原先成立的等式变成这样子的呢？请你把这个等式还原。

4 = 2 + 1 - 2 + 7

23 找回等式（2）

这是两个不成立的算式，每题只许移动1根火柴，使它成立。

$$12-2+7=11$$

$$14+7-4=11$$

24 找回等式（3）

这是两个不成立的算式，每题只许移动1根火柴，使它成立。

$$17+1+4-4=14$$

$$14+7-1-4+1=11$$

25 找回等式（4）

这是两个不成立的算式，每题只许移动1根火柴，使它成立。

$$4=14+1-1+1$$

$$123-1-1=12$$

26 火柴等式方阵

下列是一个由火柴组成的错误的等式方阵，你能移动其中的1根火柴，使每横行和竖行里的数字相加之和都相等，使其成为一个正确的等式方阵吗？

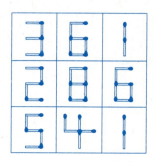

27 纠正错误的不等式

移动1根火柴，改正错误的不定式。

4-1<2

28 加一根火柴，让等式成立

请在下列算式上再加上1根火柴，使它成立。

15×6=96

29 让等式成立

移动1根火柴,让下列的等式成立。

$$14 + 7 = 1$$

30 纠正等式

移动1根火柴,让下列等式成立。

$$12 - 18 = 6$$

31 移动两根火柴,让等式成立

你能移动2根火柴,让下列等式成立吗?

$$4 + 2 - 1 = 8$$

32 巧变等式

（1）在下列算式移动1根火柴，使等式成立。

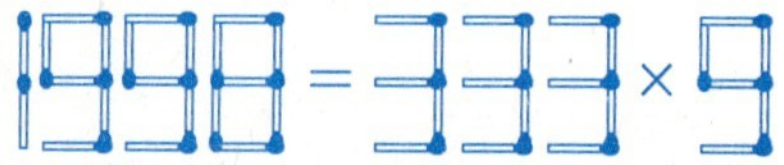

$1998 = 333 \times 9$

（2）尽可能少地移动火柴，使下列算式变为等式。

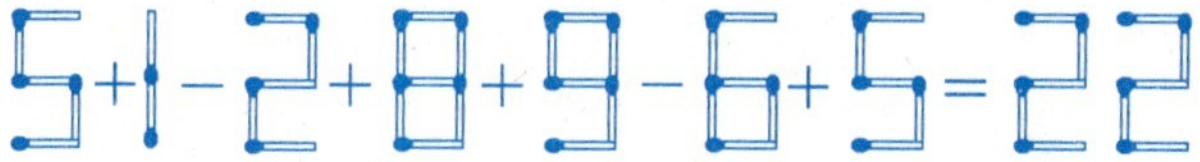

$5 + 1 - 2 + 8 + 9 - 6 + 5 = 22$

33 火柴等式

下图是用火柴摆成的数学算式，虽然里面有一个等号，但实际上两边并不相等。只许移动1根火柴，要使它变成正确的等式。应该移动哪根火柴？

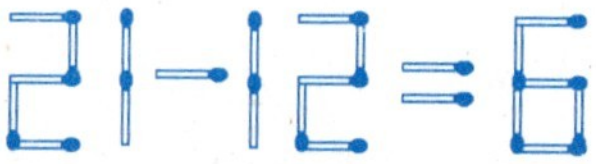

$21 - 12 = 6$

只要在右边把6改成9，就得到正确等式，如下图所示。

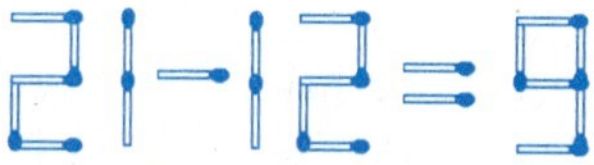

$21 - 12 = 9$

如果不许移动任何火柴，就要把原图变成正确等式，能做到吗？

34 罗马等式

下列等式均不成立，每次只能移动1根火柴，就要使等式成立。开始动手吧！你想好了吗？

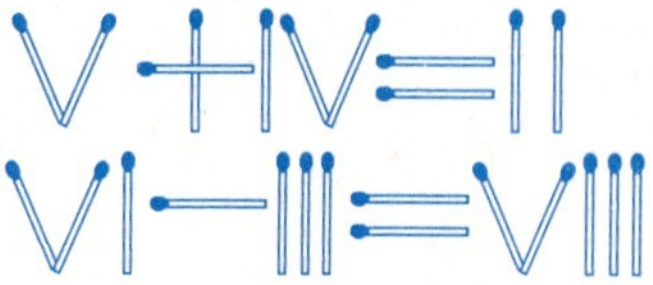

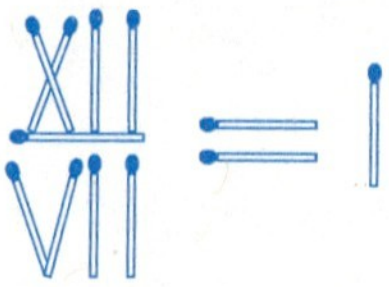

V + IV = II
VI − III = VIII

XII / VII = I

I − III = II

只动1根火柴，使这个等式成立。试着找出3种不同的方法。

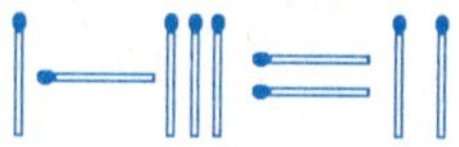

更难一点，不准移走或添加火柴，怎样才能使这个等式成立？这可不是巫术呀，快动动你的脑筋吧！

第5章 "摆平"等式

35 数字等式方阵（1）

从数字1~25中再选择另外18个数字，分别填入下列空格中，使横行、竖行、对角线的和都等于65。

21	15			
				20
		13		
10				
25				5

36 数字等式方阵（2）

从数字1~25中再选择另外18个数字，分别填入每个空格，使横行、竖行、对角线上的和都等于65。

17		1		
				16
		13		
10				
11				9

37 数字等式方阵（3）

把1~16分别填入下列空格中，使横行、竖行、对角线上的和相等。我们已经为你填入了几个数，你能填入其余的数吗？

13			16
	10	11	
		6	
1			4

38 图形等式（1）

□代表0~9中的一个数，○、△代表10~99中的一个两位数，问□等于多少？

$$□ + □ = ○△$$

A.1　B.3　C.4　D.0　E.7　F.2

39 图形等式（2）

△和○分别代表0~9中的一个数，问△等于多少？

$$△ + △ + △ + △ = ○$$

A.3　B.7　C.0　D.4　E.2　F.5

40 图形竖式（1）

△和○分别代表0~9中的一个数，问○等于多少？

$$\begin{array}{r} △ \\ -○ \\ -○ \\ -○ \\ -○ \\ \hline ○ \end{array}$$

A.0　B.2　C.1　D.3　E.5　F.4

41 图形竖式（2）

△△和▽▽代表10~99中的一个两位数，问 ▽ 为下列哪个选项等式才能成立？

$$\begin{array}{r}\triangle\triangle\\+\triangle\triangle\\\hline\triangledown\triangledown\end{array}$$

A.1　　B.9　　C.5　　D.8　　E.7

42 错误的图形等式

下列哪个等式是错误的？

43 另类数字等式

问号处应为什么数字？

一	=	31
二	=	28
三	=	31
四	=	?
五	=	31
六	=	30

44 曲折等式

将数字1~9填入下图中的空白处，依次运算，使等式成立。要求9个数字都要用到，且每个数字只能使用一次。

		−	66
+	×	−	=
13	12	11	10
×	+	+	−
×	+	×	×

45 纵横等式（1）

在第一行数字下面的空格里填写"+、−、×、÷"等运算符号，然后在符号下面的空格里再填写1~9中的一位数字，如此间隔出现，依次运算（不按等式写完后的四则运算规律）。请完成这个"纵横等式"。

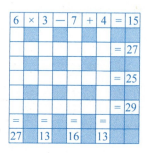

46 纵横等式（2）

在第一行数字下面的空格里填写"+、−、×、÷"运算符号，然后在符号下面的空格里面再填写上1~9中的一位数字，如此间隔出现，依次运算（不按等式写完后的四则运算规律）。请完成这个"纵横等式"。

47 不变的值

从中拿走3根，使结果仍为100。

$$123-4-5-6-7+8-9=100$$

48 一题三解

移动算式中的1根火柴，使等式成立。一共有3种解法，你能全部想出来吗？

$$11-10=11$$

49 完成等式

增加1根火柴，使算式成立。

$$12+3\times557=1993$$

50 火柴等式

下列是一道罗马数字运算题,但"7-2=2"显然是错误的。如何只移动2根火柴,使等式成立?

$$VII - II = II$$

51 扑克牌等式(1)

下面这个用扑克牌摆成的等式显然是错误的,你只能通过移动已有的4张扑克牌来纠正这个等式,不可以添加任何其他的数字符号。你能做到吗?

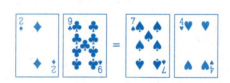

52 扑克牌等式(2)

在一次扑克牌游戏中,某人手中的牌刚好有下列关系:

10×黑桃牌数+红桃牌数=方块牌数×草花牌数

接着,4种花色各打出相同牌数后,他发现自己手中剩下的牌仍保持上述关系。问这个人原来和现在手中的4种花色各多少张?

53 扑克牌等式方阵（1）

从任意花色的、点数为2到10的9张扑克牌中再选取7张，放入下列空格中，使每行、每列、每条对角线3张牌的和都等于18。

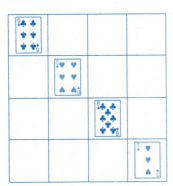

54 扑克牌等式方阵（2）

把右侧所有的扑克牌都放入方框中，使横行、竖行、斜行的点数和都等于23。

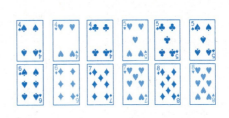

55 扑克牌等式方阵（3）

把右侧的扑克牌放入方框内，使横排、竖行、对角线上的点数和都等于25。

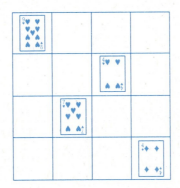
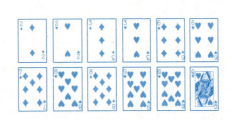

56 没有出现的数字

在下列加法算式中，不同的字母代表不同的数字。这里只有9个字母，因此，在10个阿拉伯数字中，有一个没有出现。哪个数字没有出现？思考问题还是要注意找捷径。

```
      A B
      C D
      E F
  +   G G
  ───────
      I I I
```

57 钟表等式（1）

问号处应为什么数字？

58 钟表等式（2）

问号处应为什么数字？

59 钟表等式（3）

问号处应为几点？

60 商等于3

把红桃A~9这9张牌分为两组，第一组为x张，第二组为y张。经过适当排列，使得第一组x张牌的点数构成的x位数除以第二组y张牌的点数构成的y位数所得的商为3。

61 纵横平方（1）

用4张牌组成一个2行2列方阵，使得每行上的两张牌的点数组成的两位数是一个完全平方数，每列从上往下两张牌的点数组成的两位数也是一个完全平方数。你能摆出几个这样的方阵？

62 纵横平方（2）

由6张牌组成一个2行3列方阵，使得每行的3张牌的点数组成的三位数是一个完全平方数，每列从上往下两张牌的点数组成的两位数也是一个完全平方数。

63 加牌成平方

如下图，红桃A~9共计9张牌，按照下列要求依次取牌、加牌，满足下列所有条件。

（1）拿1张牌，其点数是一个完全平方数(整数的平方数称为完全平方数)。

（2）从剩下的8张牌中再拿1张，与第1张牌摆成一排，但两张牌的点数从左到右必须由小到大，这两张牌的点数组成的两位数也是一个完全平方数。

（3）从剩下的牌中再拿一张与前面的两张牌摆成一排，但要求各牌的点数从左至右必须由小到大，这3张牌的点数构成的三位数仍是一个完全平方数。

（4）以此类推，看最多能构成几个完全平方数？

64 倒转三角形

如下图所示，将10张扑克牌摆成一个三角形，现只允许移动3张牌，倒转这个三角形，而且使倒转之后的三角形每条边上的4张牌的点数之和相等，每条边上的4张牌的点数平方之和也相等。

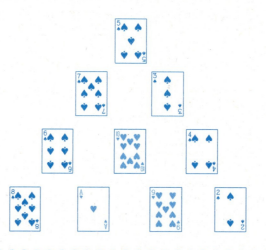

65 扑克牌三阶幻方（2）

8张牌摆成如图A所示的形式，现只允许将位于空位旁边的牌移动到空位上去，怎样移动，使之成为图B？若把空位当作0，那么图B的牌点组成了一个3阶幻方，即每行、每列以及每条对角线上的牌的点数之和都为12。

A

B

66 6个A

在这下列两个加法算式中，每个字母都代表0~9的一个数字，而且不同的字母代表不同的数字。

```
  A A A        A A A
  B B B        D D D
+ C C C      + E E E
-------      -------
  F G H I      F G H I
```

提示：判定 A+B+C 和 A+D+E 的值。

67 英文数字等式

下列等式在什么情况下成立？

```
    THREE
    THREE
  + FOUR
  -------
    ELEEN
```

68 诗句等式

下列等式在什么情况下成立？

年年 × 岁岁 = 花相似

岁岁 ÷ 年年 = 人 ÷ 不同

69 "3D"等式

在下列乘法算式中，每个字母代表0~9的一个数字，而且不同的字母代表不同的数字。请问D代表哪一个数字？

```
        A
    ×  C B
    ─────
       E D
     G F
    ─────
    D D D
```

70 "数字·字母"等式

问号处应为什么数字？

A =	−19	F =	?
B =	−16	G =	29
C =	11	H =	44
D =	−4	I =	61
E =	5	J =	80

第 6 章

魔法道具

　　数学不仅存在于课本中，而且存在于生活中，存在于游戏中；数学不仅是抽象、枯燥的数字演算，还可以利用扑克牌、棋子、火柴、钟表等作为游戏道具，进行寓教于乐的思维训练。

　　扑克牌是普及大众、携带和使用都十分方便的游戏道具，它可以通过将54张扑克牌进行千变万化的排列组合，利用牌的正反面、四种花色以及点数等多种多样的变化，变幻成诸多不同类型的游戏。这其中既包括操作简单，可以随时随地进行游戏的发牌、取牌、叠牌、猜牌游戏，也包括需要根据游戏者的水平因地制宜地制订扑克牌谜语、数学演算等，读者可以各取所需。

　　象棋或围棋的棋子也可以成为游戏道具。拿中国象棋来讲，其功能远远不止"友谊第一，比赛第二"那么简单，除了博弈、竞赛之外，还可以通过在棋盘上、桌子上的不同的摆放和排列组合，进行各种各样的游戏，如老少皆宜的"五子棋"。象棋的棋子、棋盘，也可以构成一个考查思维方式和想象能力的"魔方"，让你的思维更加活跃。很多时候，这类游戏中棋子可以用随身携带的硬币来代替。

　　火柴游戏就是通过拼排、挪移火柴组成新图形、数字或字母，来考查你的思维能力的游戏。此类游戏也可以利用火柴组成的不同图案来设谜，训练游戏者的形象思维、抽象思维和实践思维。和棋子一样，火柴也只是一种游戏的道具，在日常生活中，也可以用牙签、香烟、筷子等来代替它。

1 改变朝向

移动1支火柴,使下图中朝西的房子变成朝东。

2 鱼头向右

下图是用8根火柴摆成的一条鱼,请你移动3根火柴,使鱼头向右,应该怎样移动?

3 首尾互换

用火柴搭成小猪图,你能移动火柴使猪头、猪尾正好换一个方向吗?你移动了几根火柴?

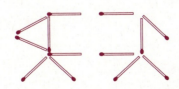

4 三角形变六角形

用6根火柴,照右图摆成一个三角形。要把这个三角形变成六角形,只准移动4根火柴,应该怎样移动?

5 火柴正方形

用24根火柴能组成下面的图形。拿掉几根火柴才可以变成下面要求的图形?
(1)拿掉8根火柴,使它只留下2个正方形。
(2)拿掉6根火柴,使它只留下3个正方形。

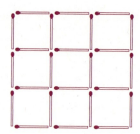

6 火柴田地

用12根火柴摆成一个田字形:

(1)拿去2根火柴,变成2个正方形。
(2)移动3根火柴,变成3个正方形。

7 井和口

水井的计量单位是"口",人们常说"一口井""两口井"等。下图是用16根火柴排成的一个"井"字。

现在希望移动6根火柴,使它变成两个同样大小的"口"字。应该怎样移动?

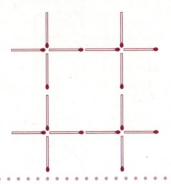

8 一弓变二口

从一盒火柴中取出15根,排成如下图所示的"弓"字形。只许移动其中的4根,要用这些火柴排成2个正方形,应该怎样移动?

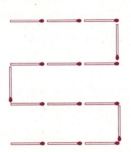

9 两口变相等

有24根火柴组成1个"回"字(如下图所示)。现在要移动4根火柴,将"回"字变成2个同样大小的"口"字,用什么办法呢?

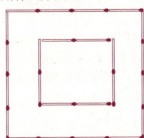

10 扩大总面积

下图所示的图案由28根火柴组成，共有5个正方形。

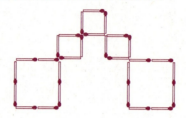

把一根火柴的长度取成长度单位，那么图中5个正方形的总面积是
$$4 \times 2 + 1 \times 3 = 11$$
还是用28根火柴，还是组成5个正方形，但是要使总面积变得更大，能做到吗？

11 巧变三角形

（1）用火柴拼成由6个全等三角形组成的图形（如下图所示）。试移动4根火柴，使它变成3个正三角形(即等边三角形)。

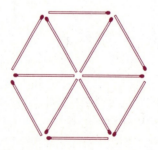

（2）在上题中，请你移动2根火柴，将三角形减少到5个；再移动2根，将三角形减少到4个……最后将三角形减少到2个。所摆成的正三角形大小不限，但不能重叠。

（3）用12根火柴拼成六边形。请你取走3根火柴，使其变成3个正三角形。你不妨再试试，取走4根、5根也可以得到3个正三角形。

（4）用6根火柴拼出4个正三角形。

12　11、13交替

如下图所示,将红桃A~10这10张牌摆成一排,如何变换一下顺序,使相邻的两张牌的点数之和为11,13,11…

13　扑克牌三角形

用红桃A~9这9张牌摆成如下图所示的三角形,使得每条边上的4张牌的点数之和等于21。

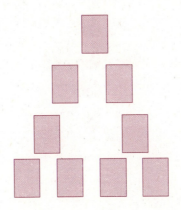

14　猜纸牌

下图是7张写有数字的纸牌。甲、乙和丙3人各取两张。甲说:"我的纸牌上的数字合计是12。"乙说:"我的纸牌上的数字合计是10。"丙说:"我的纸牌上的数字合计是22。"那么,剩下的一张纸牌的数字是多少呢?

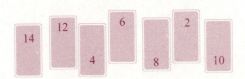

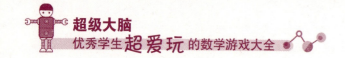

15 摆数游戏

红桃A～9这9张牌摆成如下图所示的顺序。只调换一次相邻的两张牌,使其牌点数组成的9位数成为能被19整除的最大数。

16 移动硬币

有6个1元硬币,排成"十"字形,横行3枚,竖行4枚(如下图所示)。如果仅移动1枚,使横和竖都各为4枚,该怎么办?

17 独行独列

你能把5个象棋棋子放在5×5规格的大正方形上,使5个象棋棋子不同行、不同列,也不在同一条对角线上吗?

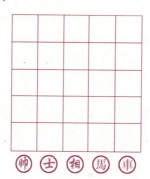

18 填象棋游戏

下图中有9个格子，除中间一格外每格里都放着两枚象棋棋子，这样每边都是6枚。请你增加两枚象棋棋子，重新排列一下，使每边还是6枚，中间格子不能放象棋棋子。

19 移象棋游戏

有12枚象棋棋子，排成下列图形。每相邻的4枚象棋棋子都是一个正方形的一个端点，这样的正方形共有6个。如何移走3枚象棋棋子，使得只剩下3个正方形？

20 关于硬币的魔术

将8枚硬币排成如下图所示的正方形，每边3枚硬币。试移动4枚硬币，使它变成一个每边有4枚硬币的正方形。

21 倒置三角形

如下图所示,用10个1元的硬币排成一个三角形。移动其中的3枚就能使三角形倒置。问该移动哪3枚硬币?

22 圆盘中的棋子

下图的圆圈代表圆盘,将黑白两种棋子按照一定的规则摆入圆盘中。如果前3盘的摆法如下图所示,那第四盘是A、B、C、D、E中哪一种摆法?

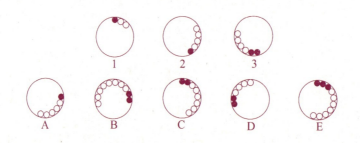

23 隔子跳问题

在桌子上把10个棋子摆成1排,每次移动可以像下图那样,把一个棋子跳过2个棋子与另一个棋子相叠。问这10个棋子应怎样移,才能跳成5叠,每叠2个棋子?

第6章 魔法道具

24 翻杯子

桌面上有14只杯子，3只杯口朝上，现在每次翻动4只杯子（把杯口朝上的翻为朝下，把杯口朝下的翻为朝上）。

问：能否经过若干次翻动后，把杯口都朝下？若不能，那么每次翻动6只能做到吗？翻动7只呢？

25 植树问题

（1）栽10棵树，要求每行栽4棵，最多能栽几行？
（2）9棵树栽9行，每行栽3棵，如何栽？
（3）9棵树栽10行，每行栽3棵，如何栽？
（可用圆点代替树）

26 扑克长方形

从一副扑克牌中抽出10张，使它们的点数分别是A、2、3、4、5、6、7、8、9、10，其中的A看成1点。能不能把这10张牌排成一个长方形，使它的一组对边上各有4张牌，另外一组对边上各有3张牌，并且每条边上各张牌的点数之和都相等？

27 扑克牌金字塔

从一副扑克牌中抽出9张，使它们的点数分别是A、2、3、4、5、6、7、8、9，其中的A看成1点。能不能把这9张牌排成一个三角形，使它的每条边上都有4张牌，并且这4张牌的点数之和都是17？

28 猜猜第9张牌

如果轮到你发第9张扑克牌，你该发哪张牌？

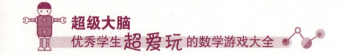

29 猜猜第12张牌

如下图所示，填上什么牌能完成这个谜题？

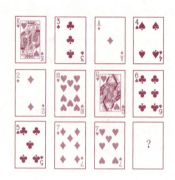

30 看不见的扑克牌

如下图是一幅由9张扑克牌摆放成的图案，有一张牌被故意隐藏起来了，你能找出这个牌型的规律，猜到那张看不见的牌是什么牌吗？

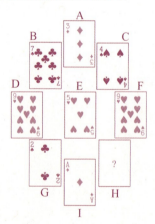

31 分扑克

有一副去掉大小王的扑克。现将52张牌好好洗开，分成各有26张牌的两堆（A、B）。若要A中的黑色牌数与B中的红色牌数完全相等，你知道在1 000次洗牌中会发生几次吗？

32 发牌的技巧

你和3个朋友一起玩扑克，现在轮到你发牌。依惯例按逆时针顺序发牌，第一张发给你的右手邻座，最后一张是你自己的。当你正在发牌时，手机响了，你接了一个电话。打完电话后，你忘了牌发到谁了。现在，不允许你数任何一堆已发的和未发的牌，但仍须把每个人应该发到的牌准确无误地发到他们手里。你能做到这一点吗？

33 巧排顺序

1~K共13张牌，表面上看顺序已乱（实际上已按一定顺序排好），将其第1张放到第13张后面，取出第2张，再将手中的牌的第一张放到最后，取出第二张，如此反复进行，直到手中的牌全部取出为止，最后向观众展示的顺序正好是1、2、3、…、10、J、Q、K。请你试试看！扑克牌的顺序为：7、1、Q、2、8、3、J、4、9、5、K、6、10。你知道这是怎么排出来的吗？

34 妙算猜牌

（1）将54张牌洗乱。

（2）将54张牌（正面朝上），一张一张地数出30张，翻面（正面朝下）放在桌上，表演者在数30张牌时，牢记第九张牌的花色与点数。

（3）从手中的24张牌中，请观众任取一张，若为10、J、Q、K之一，算为10点，并且正面朝上作为第一列放在一旁；若牌的点数a_1小于10（大小王的点数为0），将这张牌正面朝上放在一旁，并且从手中任取$10-a_1$张牌正面朝下，作为第一列放在这张牌下面，再请观众从手中的牌中任取一张，按以上方法组成第二列；最后再请观众从手中任取一张牌，按以上方法组成第三列，若手中的牌不够，从桌上已放好的30张补足，但是必须从上到下取牌。

（4）将每列的第一张牌的点数a_1、a_2、a_3加起来，得$a=a_1+a_2+a_3$。

（5）表演者从手中已剩下的牌数起，数完后再从放在桌上30张牌中的第一张开始接着数去（如果手中已无剩牌，则从桌上剩下的第一张牌数起），一直数到第a张牌，并准确地猜出这张牌的点数与花色（即开始数30张牌时记的第9张的花色与点数）。

你知道其中的原理吗？

35 纸牌与魔方阵问题

有些游戏表面上看似乎不一样，但实际的结构却相同。下面这两种两人玩的游戏即为一例。

（1）从纸牌中抽出方块A及从1~9这9张牌。将这9张牌正面朝上放在桌上。A当作1，玩的人轮流取一张牌。手上3张牌的点数之和最先达到15的人赢。

（2）将下列9个英文单词写在不同的卡片上，再把它们正面朝上放在桌上，两人轮流各抽1张卡片，最先使手上的3张卡片具有一个共同的字母的人赢。

TURKEYS XMAS SOCK RUM BABY HOME CANDLE CRIB HOLLY

36 手表上的谜

超超指着一块手表的表面对欣欣说："请你在表面上表示小时的12个数字中默认一个数字。现在我手中有一支铅笔。当我的铅笔指着表面上的一个数字时，你就在心里默念一个数。我将用铅笔指点表面上的一系列不同的数，你跟随我在心里默念一系列数。注意，你必须从比你默认的数字大1的那个数字开始默念，例如，如果你默认的数字是5，你就从6开始念，然后按自然数顺序继续念，我指表面上的数，你默念心里的数，我显然不知道你心里默念的是什么数，当你念到20时，就喊'停'，这时我手中的铅笔一定正指着你最初默认的数。"欣欣认为这是不可能的，因为超超并不知道自己从哪个数字开始默念。但出乎意料的是，当他按超超所说的操作一遍后，超超手中的铅笔正指着他心里默认的那个数字！想想看，超超是如何做到这一点的？

第1章 神奇数字

1. 20。3行的公差依次为5、6、7。
2. 17。每行第一个与第三个数字之和,为第二个数字。
3. 10。每列的和都是23。
4. 3。每行、每列的数字之和都是10。
5. 17+6+5+9−(11+2+4+8)=12。(答案不唯一)
6.

	3	5	
7	1	8	2
	4	6	

7. A图中问号处为24,B图中问号处为28。每个框内的数字之和都为99。
8.

	3	2	9	14
	6	1	4	11
	7	5	8	20
17	16	8	21	12

9. 3。用第一只和第三只爪子上的数字之和减去第二只和第四只爪子上的数字之和得到尾巴上的数字。
10. C。从前两个图形来看,两个圆中数字的差乘以正方形中的数字,正好等于三角形中的数字。
11. 60。"?"两端直线连接的两个数之积为60。

12.

$6\frac{1}{3}$	$7\frac{1}{3}$	$2\frac{1}{3}$
$1\frac{1}{3}$	$5\frac{1}{3}$	$9\frac{1}{3}$
$8\frac{1}{3}$	$3\frac{1}{3}$	$4\frac{1}{3}$

13. 共有38种，现只举两例：

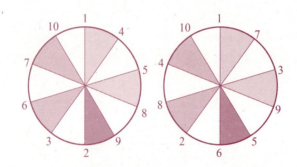

14. A。观察可知：第二行减去对应的第一行的数字等于33，故●处应填4，这样才能使得37－4＝33；接下来观察到，第一排数字：26－15＝11；第二排的数字：48－37＝11，59－48＝11。可推知：后一项减去前一项的差都为11，则三角形中的数字减去70等于11，故▲处应填81，经检验，也符合92－81＝11。

15. 最大数是7 955，最小数是1 095。

16. 6。根据图A、B可推算出3的背面是4，从B、C可推算出5的背面是2。剩下1的背面是6。

17. 8。将左、右两端方框中对应位置的数字相加，得到中间方框中对应位置的数字。

18. A图中问号处为9，B图中问号处为10，C图中问号处为28。图形A中对角的数字相除等于3，图形B中对角的数字相减等于8，图形C中对角的数字相除等于4。

19. 42。左边窗户乘以右边窗户后再减去门等于房顶。

20. $\begin{array}{|c|}\hline 14 \\ \hline 2 \\ \hline\end{array}$。第一行，依次递增2；第二行，依次递减11、9、7、5、3。

21. 18。内圈数字是相应外圈两个数字之差的3倍。

22. 25。较小的数的平方，为对角线另一侧的数。

23. A图中问号处为7，B图中问号处为6。中间数字是其上下数字之差及左右数字之差。

24. E。每一竖行里的数字每次将被颠倒顺序，竖行里最小的数字将被去掉。

25. 8。在每个图形中，中间的数字等于上面两个数字的乘积减去下面两个数字的乘积。

26. 28。规律是（3+11）×2=28。

27. A图中问号处为6，B图中问号处为8，C图中问号处为2。以第一个图形为例：（8-2-2）×2=8；（12-2-7）×2=6。

28. 11。规律是3+7+5=5×3，8+11+2=7×3；18+5+4=9×3。

29. 35。以最下面一行数字为例：（4+3）+3=10；（3+9）+3=15；（9+5）+3=17。

30. A图中问号处为17，B图中问号处为11，C图中问号处为4。左、右、上3个数之和÷下面的数字=中间的数字。

31. 下图只是其中一种解决方案。

3	×	2	=	6
+		+		÷
5	−	3	=	2
=		=		=
8	−	5	=	3

32. 2 573。其他每组四位数中的千位数字和个位数字相乘，结果即为中间的两位数。例：7 426中，7×6=42；6 183中，6×3=18。

33.

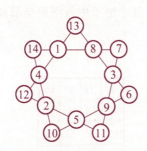

34. 14。在每个图形中，第一行的差均为7，第二行的商均为4。

35. 4。每列的第一个数与第三个数的和再拆分后相加，等于该列第二个数。例：4+9=13，13=1+3=4；6+5=11，11=1+1=2。

36. 63。按顺时针方向开始，上半部分的数字分别乘以4、5、6，得数即为其对着的下半部分的数字。

37. $\begin{matrix}8\\4\end{matrix}$。每组上半部分两个数相乘均等于32，下半部分右侧的数平方后为左侧的数。

38. 18。每个方框中最大的偶数减去两个奇数，结果即为重叠部分的数字。

39. 115。横行第三个数与第一个数的差的5倍，即为第二个数字。

40. 93。右窗的平方−左窗的平方−门=房顶上的数。

41. 41。上面与左侧的数相乘，再加上右侧的数，得数填在中间。例：9×2+3=21；7×5+8=43；8×4+9=41。

42. 151、55。纵向相加，结果为999。

43. 4。将每个分区外端的数字相乘，所得的数字正好等于顺时针转两个分区的内圈数字。

44. 7。每个三角形中3个角上的数字相加，再乘以2，得数即为三角形里面的数字。

45. 14。（17+11+12）−（14+19）=7；（18+16+15）−（6+5）=38；（19+16+2）−（15+8）=14。

46. 7。每组相对的两个数字相乘，再把所有乘积相加，结果即为中心数字。例：
    6×4+3×7+21×9=234；11×9+2×7+8×8=177；31×6+5×14+8×7=312。

47. 2。（54+16）÷（18+17）=2，（90+9）÷（19+14）=3，（55+35）÷（26+19）=2。

48. A图中问号处为7，B图中问号处为4，C图中问号处为3，D图中问号处为4。每组中，每列的第一个数字与第二个数字相加再与第三个数字相乘，结果完全一样。

49. A=5，B=4，C=15。每条格子里数字的乘积的2倍等于比该条格子略长一点的格子里的数字的乘积。

50. 1378阴平；246去声；59上声；0阳平。是根据中文发音的四声来排到的。

51. 13。椭圆中的数字是问题中汉字的笔画数。

52. 10。每个方块下面数字的积与上面数字积的差，用中心的数字来表示。

53. 11。由图A可知▲=2，●=1。每个格子中各图形全部加起来，即可得到图下面所示的数字。

54.

1	11	6	16
8	14	3	9
15	5	12	2
10	4	13	7

55. 解法很多，例如：

1	11	6	16
8	14	3	9
15	5	12	2
10	4	13	7

第2章 玄幻几何

1.

2. 这个问题不是走迷宫，而是找捷径。恐怕没有人一开始就想到屏障外围的路吧。当在迷宫中转得筋疲力尽时，一般人会产生是否放弃努力的犹豫心理。有道是"需要就是发明的开始"，只有当常识解决不了问题的时候，才会冒出异想天开的主意。因此，请不要小看似乎不可能的问题。

3. 图中共有20个点，把它分成形状大小相同的4块时，每块应有5个点。每竖行最多有4个点子，而最右端的4个点子又是呈正方形排列的，因此，可以想到选择含有4个呈正方形点，另加1个点的图形作为单位进行分割。

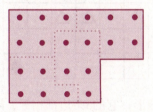

4.

5.

6. 四边形。这里有两个系统的图形互相交叉地排列着。第一系统的图形的排列先是一条线的图形，跳过一个图形是两条线的图形，再跳过一个图形是3条线的图形，所以接着再跳过一个图形应该是4条线的图形。第二系统的排列是从第二个图形五边形开始的，隔一个是4条线的图形，再隔一个是3条线的图形。

7. 图1为将圆分割成4等份的另外两种方法。按原来圆直径的3/4、1/2及1/4所画出的半圆弧加以接合成3条等长度的曲线，如图2所示。这3条曲线可将圆分成4等份，且各线之间互不相交。

图1　　　　　　图2

8.

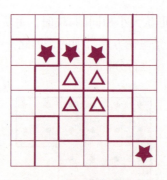

9. 等边三角形是一个轴对称的图形，它的3条边都相等，因此只要连接每边中点都可以把它分割成若干形状、大小相同的三角形。分法见下图。（分法不唯一）

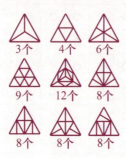

10. 至少要涂9个方格才能使每个4×4的正方形内都有5个灰格，具体如下图所示。

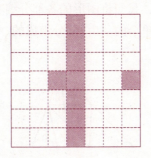

11.

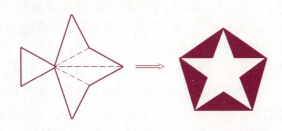

12. 如下图画3个大小相同的小圆圈，将大圆圈内的空间分隔成10个部分。

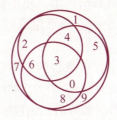

13. 图2和图4。

14. B。规律：下一个图形的外圈应该在第五条线后空一段，且外圈有10条线，满足条件的是B。

15. D。规律：每幅图都在前一幅的基础上增加一个带黑点的V形，新增V形的一条边与前一个V形不带黑点的边重叠，且新增V形所带黑点在V形的起首和末端交替放置。

16. A。中间图形变成了外部图形。

17. 15个。我们可以根据图形特征将它分成3类：

第一类： 第二类： 第三类：

6个 6个 3个

6+6+3=15（个），故图中有15个三角形。

18. 14个。图中的三角形的形状、大小都不相同，位置也很凌乱，不好数清楚。为了避免在数数过程中的遗漏或重复，我们将图形的各部分编上号（见下图），然后按照图形的组成规律，把三角形分成单个的、由2部分组成的、由3部分组成的……再一类一类地列举出来。

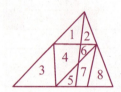

单个的三角形有6个：1、2、3、5、6、8。由2部分组成的三角形有4个：（1，2）、（2，6）、（4，6）、（5，7）。由3部分组成的三角形有1个：（5，7，8）。由4部分组成的三角形有2个：（1，3，4，5）、（2，6，7，8）。由8部分组成的三角形有1个：（1，2，3，4，5，6，7，8）。总共有6＋4＋1＋2＋1＝14（个）。对于这类图形的计数问题，分类型数是常用的方法。

19. 18个。数之前，先将每个图形编号，编好后，先数单个三角形共10个。再数两个图形合成的三角形，按顺序两个两个合并，共8个三角形。所以10+8=18（个），共18个三角形。

20. 7个。先数单个三角形共4个。再数由两个三角形合成的三角形，按顺序两个两个合并，共2个三角形。最后数由3个小三角形组成的大三角形，共1个。所以4+2+1=7（个），共7个三角形。

21. 8个。先数每个角上三角形共5个，再数由两个不靠着的角和中间五边形合成的三角形，按顺序数共3个三角形，所以5+3=8（个），共8个三角形。

22. 8个。数之前，先将每个图形编号，编好后，先数单个三角形1、4、3号，共3个。再数两个图形合成的三角形，1+2号，2+3号，3+4号，4+1号，按顺序两个两个合并，共4个三角形。最后数由1+2+3+4号组成的大三角形，有1个。所以3+4+1=8（个），共8个三角形。

23. 8个。先数单个正方形1、2、3、4、5、6号，共6个。再数4个正方形合成的大正方形，1+2+4+5号，2+3+5+6号，按顺序四个四个合并，共2个正方形。所以6+2=8（个），共8个正方形。

24. 6个。先数单个正方形，有西红柿的正方形有1个。再数4个正方形合成的大正方形，有西红柿的大正方形有4个。最后数由9个小正方形组成的大正方形，有1个。所以1+4+1=6（个），有西红柿的正方形共6个。

25. 10个。先数小正方形，共4个。再数稍大的正方形，共5个。最后数大正方形，有1个。4+5+1=10（个），所以图中共有10个正方形。

26. 共36个。

2742个。据正方形边长的大小，我们将它们分成4类。

第1类：由1个小正方形组成的正方形，有24个；

第2类：由4个小正方形组成的正方形，有13个；

第3类：由9个小正方形组成的正方形，有4个；

第4类：由16个小正方形组成的正方形，有1个。

24+13+4+1=42（个）。图中有42个正方形。

28. 5个。先数单个的长方形，有3个；再数由两个长方形组成的大长方形，有1个；最后数由3个长方形组成的最大的长方形，有1个，共有3+1+1=5（个）。

29. 6个。先数小圆，共5个，再数大圆，有1个。图中共有6个圆。

30. 12个。从上面先数，第一排有2个小长方体，第二排有4个小长方体，第三排有6个小长方体，所以2+4+6=12（个），图中有12个小长方体。

31. 如下图所示，将图形分割成A、B两部分，然后做适当移动，重新组成一个矩形。

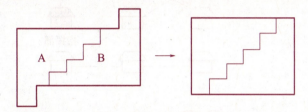

32. 这副拼板共有25个小正方形，如果能拼成一个大正方形，那么这个大正方形每边就有5个小正方形。根据图形的凹凸情况，可以考虑把①和③拼在一起；再根据凹凸情况，依次拼上④、⑤、②。

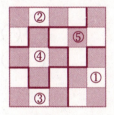

33. 分法、拼法如下图所示。

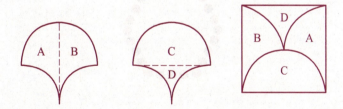

34. 在给出的6块图形中，先找到哪两块图形可以拼成三角形、梯形，哪3块可以拼成三角形、梯形、平行四边形、正方形，再结合要拼成图形的形状、大小来选取小图形拼合。

35. 像下图中那样画一条线就得到了5个水杯。

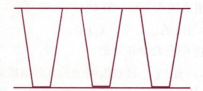

36.

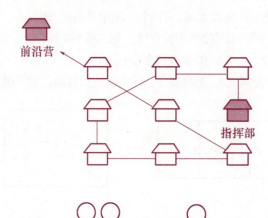

37.

38. 如下图所示，排成六边形就可以了。

39.

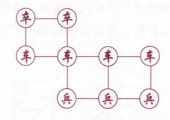

40.

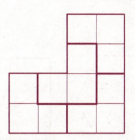

41. 有4种方法。

   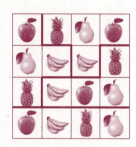

42.

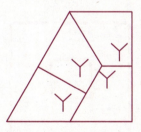

43.

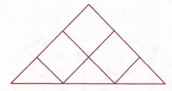

44. 先把正方形拼成◇◇形，然后再填充3个等腰直角三角形。

45. D。每列图形的种类、大小交替出现。

46.

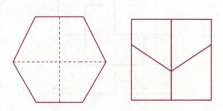

47.

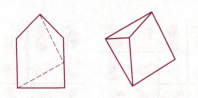

48.

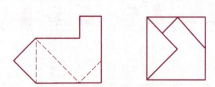

49.

50.

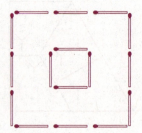

51.

52.

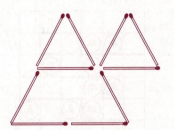

53.

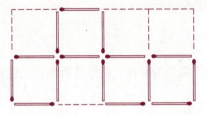

54.

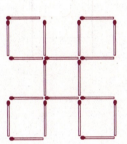

55.

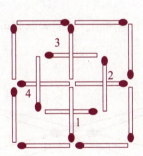

56.

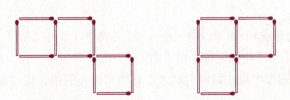

57.

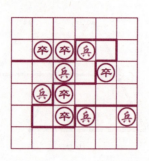

58. B。其规律是：每次转动72°。
59. B。和其他的图案相反。
60. C。和其他图案相反。
61. A。以中间有小三角形的三角形为底面，把纸片折成正三棱锥。
62. B。
63.

64. E。
65. D。
66. E。
67. D。
68. D。
69. 只要把4艘战舰移至中央，如下图所示，这时舰队就可排出4列，而每列有4艘战舰。第5列就是最底下的那个水平行。

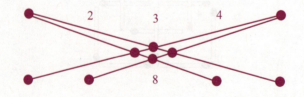

70. E。将每个大三角分成4个相等的中三角——三个角朝上，中心朝下，除了E之外，所有中三角包含两个小黑三角和两个小白三角。
71. D。因为其他4个图形中最小的圆与略大于它的圆相连的边，均与前两个圆相连之边方向相反。
72. B。因为B图没有其他4图均有的分割正方形而形成的正规三角形。

73.

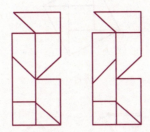

74.

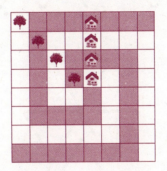

75.

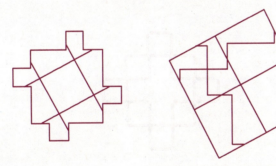

76.

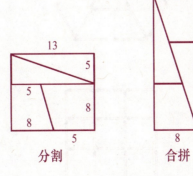

分割　　　　　合拼

77.

分割 拼合 分割所剩部分

78.

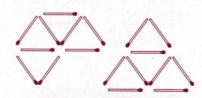

79.

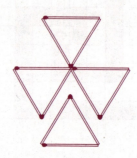

80.

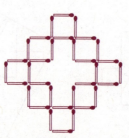

81.

82.

83.

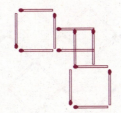

84.

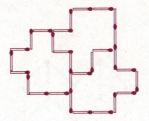

85.

86.

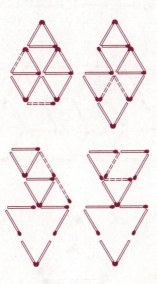

87.

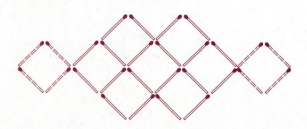

88.

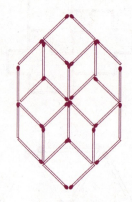

89. 4根。

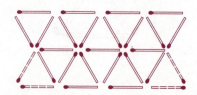

90.

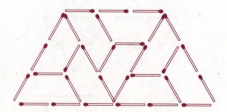

91.

92. 关键是思考模式要从平面到立体。

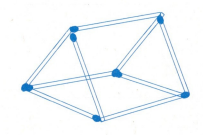

93.

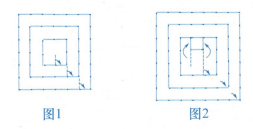

图1　　　　　　　图2

94. 在如下图所示的五角星中,外貌的大五角星的5个端点为5枚棋子,里面的小五角星的5个端点为5枚棋子,小五角星内的正五边形的5个端点为5枚棋子,图形的正中心还有1枚棋子,一共16枚棋子。请读者们按照这个示意图自己摆放。

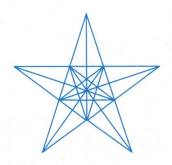

95.（1）拼成一个正方形：有无限多种办法把一个十字架分成4块,再把它们拼成一个正方形,下图给出了其中的一个解法。奇妙的是,任何两条切割直线,只要与图上的直线分别平行,也可取得同样的结果,分成的4块图形总是能拼出一个正方形。

 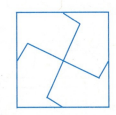

（2）拼成一个菱形：

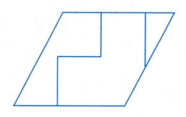

（3）拼成一个长是宽的2倍矩形：

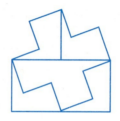

96.

97.

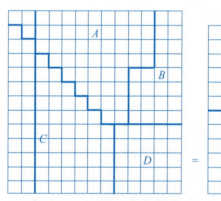 = 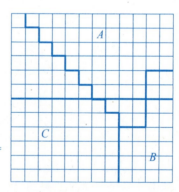 +

98. 用3个正方体木块叠成如下图所示立方体。右上角恰好空出一个正方体的位置。用米尺量出AB或CD的长度就是所求正方体木块的对角线长度。

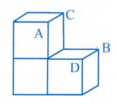

99. 通过试凑，容易得到下图的拼法。

除去画出的这种拼法而外，还有没有其他拼法呢？

因为拼成的正方形的边长是整数，它的面积应该是完全平方数。用来拼图的6块木板的面积分别是5，4，5，5，3，4。

其中任何4块的面积的和都大于12，小于20。在这范围里，唯一的完全平方数是16。所以用4块木板拼成的正方形，边长只能是4。

6块木板的面积分别是5、4、5、5、3、4。从这6个数中选取4个，使它们的和等于16，唯一可能的等式是3+4+4+5=16。

所以图中的第（2）块、第（5）块和第（6）块都是一定要选的，在其余3块中再选出适当的一块。通过试验，容易知道只有第（4）块能和必选的3块搭配，组成正方形。所以上图是唯一可能的解答。

100. 48个。设每个小正方形的边长为1个长度单位，则阴影三角形面积为：2³2=3（面积单位）。

分类统计如下：

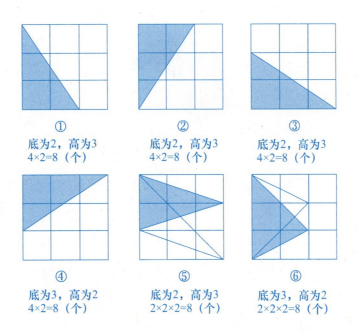

① 底为2，高为3 4×2=8（个）
② 底为2，高为3 4×2=8（个）
③ 底为2，高为3 4×2=8（个）
④ 底为3，高为2 4×2=8（个）
⑤ 底为2，高为3 2×2×2=8（个）
⑥ 底为3，高为2 2×2×2=8（个）

与阴影三角形面积相同的三角形有：8+8+8+8+8+8=48（个）。

101. 12个。对任意给定的6个点可以构成4个互不重叠的三角形（图①），图②中如果选取A点只能增加一个互不重叠的三角形，如果选取B点可以增加3个互不重叠的三角形，所以只要在图①的4个三角形内各取一点，就得到12个互不重叠的三角形。

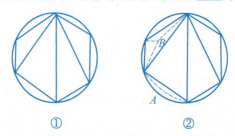

① ②

102. 把1个小蛋糕放到大蛋糕上画出1个小圆，照此切出1个小蛋糕；再把剩下的环形蛋糕分成4等份，按虚线切下来，每个小蛋糕再加上1段环形蛋糕即可。

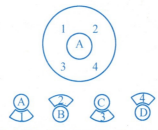

103. 如下图所示，穿过阴阳图的直线把阴、阳两部分（即黑、白两部分）同时等分为两部分。证明这点的关键是，圆K的直径是大圆（即阴阳图）直径的一半，因此，大圆的面积是圆K的4倍。由此不难得出结论，H部分的面积等于G部分的面积。这样，直线等分阴部分，同理等分阳部分。

104. 3部分，10部分。平面本身是1部分。一个三角形将平面分成三角形内、外2部分，即增加了1部分。两个三角形不相交时将平面分成3部分，相交时，交点越多，分成的部分越多（见下图）。

2个交点　3个交点　4个交点　5个交点　6个交点
增加2部分　增加3部分　增加4部分　增加5部分　增加6部分

105. 11块，5 051块。4条直线时，我们可以试着画，100条直线就不可能再画了，所以必须寻找到规律。如下图所示，一个圆是1块；1条直线将圆分为2块，即增加了1块；2条直线时，当2条直线不相交时，增加了1块，当2条直线相交时，增加了2块。由此看出，要想分成的块尽量多，应当使后画的直线尽量与前面已画的直线相交。

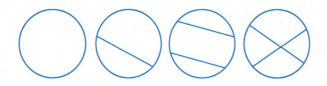

再画第三条直线时，应当与前面2条直线都相交，这样又增加了3块（见左下图）；画第四条直线时，应当与前面3条直线都相交，这样又增加了4块（见右下图）。所以4条直线最多将一个圆分成1＋1＋2＋3＋4＝11（块）。

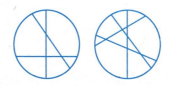

由上面的分析可以看出，画第n条直线时应当与前面已画的（$n-1$）条直线都相交，此时将增加n块。因为一开始的圆算1块，所以n条直线最多将圆分成1＋（1＋2＋3＋…＋n）＝1＋n（n+1）÷2。当n=100时，可分成1＋100×（100＋1）÷2＝5 051（块）。

106. 8种。将展开图按最长一行有多少个正方形（纸箱的面）来分类，可以分为3类：最长一行有4个正方形的有2种，见图（1）和图（2）；最长一行有3个正方形的有5种，见图（3）～（7）；最长一行有2个正方形的有1种，见图（8）。

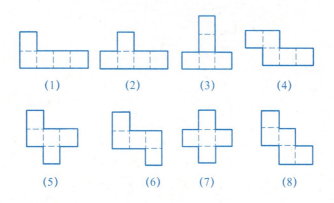

不同的展开图共有2＋5＋1＝8（种）。

107. 只要称一下质量，最重者面积最大，最轻者面积最小。

108. 相等。解答这道题，不用动笔计算。图中，把长方形划分成两个正方形，并且设想把右边的正方形向左移动，与左边的正方形重合，那么右边的一段河岸就和左边的河岸重合。所以两块陆地拼合成一个正方形，面积是整个地区面积的一半。剩下的是水面的面积，也占一半。

109. 利用正方形的各边相等，从图得到$e=5+2=7$，$c=e+2=7+2=9$，$b=c+16=9+16=25$，$a=33+5-2=36$，$d=33-5=28$。只有一些很特殊的长方形才能由若干边长各不相同的正方形不重不漏地拼合而成。这样的长方形叫作完全长方形。图中的长方形是一个边长为61和69的长方形。

110. 两个大篮子内的礼品如下：

菲利浦：外套、照相机、小火车、书及钓鱼竿。

露西：凳子、时钟、曲棍球棒、鞋子及脚踏车。

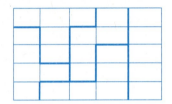 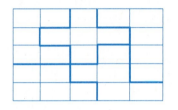

111. 选AYB，而不是AXB。如果只是求最近路线，首先取B的对称点B'，这时AXB是正确答案。因为$XB=XB'$，直线AB'与AXB长度相等，所以AXB这条线最近。但是，如果选这条路线，他必须提着沉重的桶从X点到B点。考虑到省力，他选择了河边离B最近的距离Y点。我们在求最短路线时，还必须考虑到其他条件，耐心地找出最佳答案。

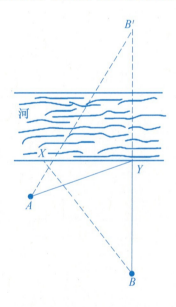

112. 19.1416平方厘米。将花朵图案和正方形相比较。从正方形出发，在每边的中部向内挖去半个圆，每个角上向外拼接3/4个圆，就得到花朵图案。总体来看，四边四角，共挖去2个整圆，拼接3个整圆，净增加1个整圆的面积。圆的半径是1厘米，正方形的边长是4厘米。取圆周率为3.141 6，得到花朵图案的面积是 4²+3.141 6×12 = 19.141 6（平方厘米）。

113. 67.5面积单位。图形内部格点数为59，图形周界上格点数为19。所以图形的面积为：59+19÷2−1=67.5（面积单位）。

114. 如下图所示，把砖放在桌角上，砖两边与桌边对齐，然后将砖沿桌边平移1块砖的距离。再用直尺量出砖上角的顶点A和桌子角顶点B之间的距离，即得AB的长度。

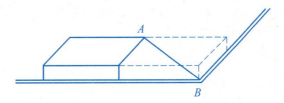

115. 锯掉角的情况有4种，因此剩角的答案也有4种。如下图所示：

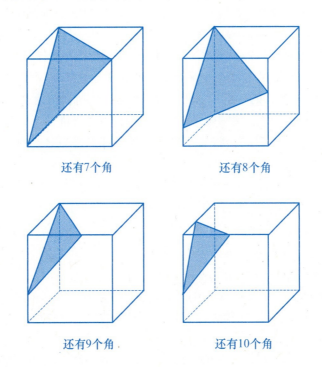

还有7个角　　　　　还有8个角

还有9个角　　　　　还有10个角

116. 大立方体分割为27个小立方体，8个角是3面涂黑的；每一个面的中间1个小立方体是1面被涂黑的，6个面共有6个这样的小立方体；中央的1个小立方体是完全没有涂的；剩下的就是2面被涂黑的。所以，（1）3面均被涂黑的；（2）2面被涂黑的有12个；（3）1面被涂黑的有6个；（4）完全没有涂黑的只有1个。

第3章 精准计算

1. 共卖7只小猪。卖给红脸汉4只，卖给黑脸汉2只，卖给书生1只。

2. （一）解：设院里原来有 x 只鸡，根据题意，得 $[(x+7)-7]\times 7$，解得 $x=7$。

   （二）解：设有 x 间客房，根据题意，得 $7x+7=9(x-1)$，解得 $x=8$，则客人为 $7\times 8+7=63$（人）。

   （三）解：设原来酒壶中有酒 x 斗，则由题意得，$2[2(2x-1)-1]-1=0$，解得 $x=7/8$，即李白的酒壶中原有7/8斗酒。

   （四）解：设这个两位数的十位数为 x，则个位数为 $x+3$，依题意得，$6(x+3)=10x+(x+3)$，解得 $x=3$，从而 $x+3=6$，故这个两位数为36，即周瑜活了36岁。

3. $100=30+30+13+3+3+3+3+3+3+3+3+3$。首先是要有12个数字，其次是每个数字里都要包含数字"3"，比如3、23、30等，最后要求这12个数相加等于100，3个条件缺一不可。

4. （1）66；（2）36；（3）27；（4）54；（5）45；（7）36或44或63；（8）86。

5. $9+4+2=8+6+1=7+5+3$，$9+5+1=8+4+3=7+6+2$。每组包含三个数，使各组的和都相等。先计算这9个数字的总和：$1+2+3+\cdots+9=45$。把它们分成3组，使各组的和相等，那么每组的和应该是 $45\div 3=15$。因为每组必须有3个数，3数之和为15，所以7、8、9这3个数必须在不同的3组里。包含9的一组，另两个数的和是6，因而只能是2、4或1、5。如果9、2、4在一组，那么包含8的一组中另两数之和为7，只能安排1和6，剩下的7、5、3在第三组。如果9、1、5在一组里，那么包含8的组中只能安排3和4，剩下的7、6、2在第三组。

6. 大和尚25人，小和尚75人。把1个大和尚和3个小和尚分为一组，则一共可分成 $100\div 4=25$（组），每组有1个大和尚，则大和尚共有25人，小和尚共有75人。

7. 6天。松鼠共用了 $112\div 14=8$（天）。如果8天都是晴天，则可采到松子 $20\times 8=160$（个），1个雨天比1个晴天少采松子 $20-12=8$（个），现在共少采 $160-112=48$（个），因此雨天有 $48\div 8=6$（天）。

8. 1.9米。在相同时间内，小林吃的面条长度是爸爸吃的90%，妈妈吃的面条长度是小林吃的面条长度的90%。所以，当爸爸吃完10米长的面条时，妈妈则吃了8.1米，剩下的就是1.9米。

9. 30人。易知学生人数必是1、2、3的公倍数，6是其最小公倍数。将每6个人编成一组，由 $6\div 1=1$，$6\div 2=3$，$6\div 3=2$ 可知：每组需用6个饭碗、3个菜碗、2个汤碗，即每组共需 $6+3+2=11$（个）碗，而总共用了55个碗，$55\div 11=5$（组），所以共有5个组，总人数是 $6\times 5=30$（人）。

10. 3 160次。每位大使必须和其余79位大使握手。一共有80位大使，但是每次握手包含两个人，所以全部握手的总数为 $(80\times 79)\div 2=3\ 160$（次）。

11. 18发。子弹平分后，每个猎人各打了4发子弹，则总共打了12发子弹。根据题意，剩下的子弹数正好是平分后一个猎人所得的子弹数，也就是说，子弹平分后，3个猎人只用掉两份子弹，还剩下的一份就是6发。由此可知，平分时的3个猎人所有的子弹共有18发。

12. 150美元。能卖的水只有4升，另一升水必须留给自己用，这是普通的正确回答。可是，假如卖水人更聪明一点的话，他自己买下第一升水，这样就可赚310美元。

13. 24分钟。6名上场队员都上场40分钟，则共上场：6×40=240（分钟）。再把时间均分给10名队员，则240÷10=24（分钟）。

14. 8个数字。首先吃掉当天的药，然后把第2天到第9天要吃的药编上号，而第10天吃的药不编号也可以辨认，因此有8个数字就足够了。

15. 34分钟。首先1：11，2：22，3：33，4：44，5：55，11：11，这6分钟各出现两次。另外，容易忽略的12：22，10：00，11：10，11：12，11：13，11：14，11：15，11：16，11：17，11：18，11：19，这11分钟也各出现两次，总计34分钟。

16. 23个。这个数用3除余2，用7除也余2，这个数就是3×7=21再加2等于23，23用5去除余数正好是3，所以蓝子里有23个苹果。

17. 比如：第一次一箱苹果卖20元，A卖了4箱，B卖了5箱，C卖了6箱。第二次一箱苹果卖10元，A卖了7箱，B卖了5箱，C卖了3箱。

18. 将其中4个苹果各切成相等的2份，将2个苹果各切成相等的4份，将1个苹果切成相等的8份。

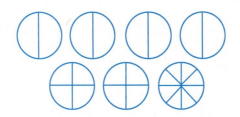

19. 3种截法，分别还剩3个角、4个角、5个角。

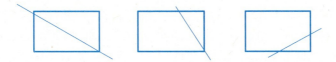

20. 这个人以"井"字形将西瓜切了4刀。

21. 任何具有abcabc形式的六位数，都相当于1 000×abc＋1×abc，也就是1 001×abc。由于1 001＝13×7×11，因此不会有余数。

22. 8 765－13×24=8 453。要使得数最大，被减数（四位数）应当尽可能大，减数（□□×□□）应当尽可能小。由题意可知被减数为8 765。下面要做的是把1、2、3、4分别填入□□×□□的4个"□"中，使乘积最小。要使乘积最小，乘数和被乘数都应当尽可能小。也就是说，它们的十位数字都要尽可能小。因为12×34=408而

14×23=322，13×24=312（最小），因此8 765 – 13×24=8 453。

23. 这实际是一道求最小公倍数的问题。因为5、7、2的最小公倍数为70，这位说话人今年恰好是70岁。由此推算，这个人在28岁时结婚，而他儿子今年已经35岁，因为是5年前结婚的，所以结婚年龄为30岁，比说活人的结婚年龄大2岁。

24. 49×101 = 4 949，38×10 101 = 383 838，10 101=3×7×13×37。任何两位数ab乘以3，再乘以7，再乘以13，再乘以37，都会得到ababab。73×101×137 = 1 010 101，因此ab乘上这些数字之后，会得到abababab。

25. 2 937。一个加数十位上的数字"5"写成"3"，这个错误使这个加数比原来少了50 – 30=20。而另一个加数百位上的数字"6"写成"9"，就等于把600变成900，使另一个加数比原来大了300。由于加数的变化，造成两数的和的变化，我们可以写成等式：3 217 – 300+20=2 937，即正确答案是2 937。

26. 159号。因为十位数字比百位数字大4，个位数字又比十位数字大4，所以个位数字比百位数字大8。但是三位数的百位数字至少是1，个位数字至多是9，要使两个数字的差是8，只可能百位是1、个位是9。由此得到十位数字是5。所以，小虎家的门牌号码是159。

27. 由1、4、6、7组成的四位数字总是可以被9和3整除。因此，除非将6翻转成9，否则两个问题的答案都是不存在的。如果这个四位数是由1、4、7、9组成，将不可能被9整除，但总能被3整除。

28. 555321。因为前3位数字相同，所以前3位数字之和必为3的倍数；后3个数字是依次减少的3个连续自然数，设为n+2、n+1、n，相加之和为3（n+1），是3的倍数，于是这6个数字的总和也是3的倍数，而已知6个数字的总和就是这个电话号码的末尾两位数，因此这个末尾两位数一定是3的倍数，同时这两个数字依次减少，所以只可能是21或54或87。但6个数字的总和肯定小于6×9=54，因此末尾两位数只能是21，于是可知电话号码的后3位数是321，前面3个相同数字之一应为（21-3-2-1）÷3=5，因此这个电话号码是555321。

29. 一枚是5角，一枚是5分。其中5角的那枚硬币面值肯定不是5分。

30. 实际上，3个学生每人付了9元，合计27元中包括了服务员私吞的2元。所以应该用27元再加上退给学生的3元，恰好是30元，不存在1元钱不知去向的问题。

31. 地铁票分为5元的联票和3元的普通票两种，我拿的是一张5元的纸币，因而会被问买哪种票。后面那个人虽然也拿了5元，但不同的是，他手里拿着一张1元和两张2元的纸币，不用问肯定是联票。如果他要买普通票的话，就不必再拿另一张2元的纸币了。

32. 卖梨的农民如果取出20个贵的梨和30个便宜的梨，每2个贵的加上3个便宜的为1份卖2元，则这50个梨可以卖20元。还余下10个贵的梨，按每2个1元卖出，又得5元，总共得25元，就不会出错了。现在，由于他把60个梨一律以5个2元的价格出售，这就等于把其中10个贵一些的梨以每个便宜0.1元的价格卖出去了，所以总共只卖得24元。

33. 2 519元。把他存的钱加1元，即可被题中所述的那些数字整除，换句话说，即2到10的最小公倍数。因此，先求出2、3、4、⋯、10的最小公倍数：2 520−1=

2 519（元），就是正确答案。如果把这个公倍数增大再减1，即5 039或7 559，就不符合题中"不足3 000元"的条件了。因此，答案只有1个。

34. 5只。由题意知，5只鸡平均1天生1个蛋，所以5只鸡100天生100个蛋。

35. 8天。白天爬3米，晚上溜回2米，等于前7天每天爬1米，第八天从7米高处爬3米，即可到达井口。

36. 64秒。因为从1楼到4楼，实际只上了3层，可以算出每上1层平均费时16秒；而从4楼再上到8楼，共上4层，每上1层费时16秒，故还要用64秒。

37. 112页。1张书页，一般来说正面是第一页，其反面为第二页，即正面为单页码，反面为双页码。所以在剪下30页时，同时也将正面的29页一起剪下来了，剪75页时，同时将其背面的76页一起剪下，所以计算时应以29页算起直到76页，即应为160-48=112（页），所以该书还剩112页。

38. 猫胜。因为猫每次跳2尺，到50尺处正好落地；狗每次跳3尺，到50尺处就超出1尺，浪费了时间。最后猫用16.7秒，狗用17秒。

39. 哥哥跑完100米，妹妹才跑到90米，他们奔跑的速度之比是10∶9，按照这个比率，将哥哥的起跑线后移10米，哥哥在跑到离终点10米的地方，他便同妹妹并齐了，而当他跑到终点时，则妹妹又落后了1米。所以将哥哥的起跑线后移10米仍达不到预期目的。如果将妹妹的起跑线前移10米，那么妹妹跑完90米即到达终点，此时哥哥跑完100米，所以他们同时跑到终点。

40. 弟弟走完全程需30分钟，哥哥走完全程只用20分钟。那么，当弟弟走到一半路程时需15分钟。因弟弟先走5分钟，所以，哥哥走了10分钟后，正在路程的一半处；弟弟走了10分钟加上先走的5分钟共15分钟，恰好也走到路程的一半处。于是，10分钟后，哥哥追上了弟弟，恰好在路途的一半处。按此走法，哥哥再走10分钟就可到达学校，弟弟还要走15分钟才能到校，结果还是哥哥先到。

41. 不可能。胡乱填写也能答对的概率虽为1/3，然而那是对于除去有信心答对的6道题后的24道题来说的，即从概率上来说，小王答对的是14道。这样考试就不及格了。

42. 因为菲尔随机到站，向南列车和向北列车，虽然车次与车次之间都间隔15分钟，但向北的列车每班车都比向南的车晚1分钟，这间隔的1分钟；使菲尔随机赶上向北列车的可能性大大低于向南的列车，于是他看萨拉的次数自然远远多于看贝基的次数了。

43. 也许大部分人都认为这个概率非常小，他们可能会设法进行计算。然而正确答案是，大约有两名生日是同一天的客人参加这场婚礼。如果这群人的生日均匀地分布在日历的任何时候，两个人拥有相同生日的概率是97%。换句话说，你必须参加30场这种规模的聚会，才能发现一场没有宾客出生日期相同的聚会。人们对此感到吃惊的原因之一是，他们对两个特定的人拥有相同的出生时间和任意两个人拥有相同生日的概率问题感到困惑不解。两个特定的人拥有相同出生时间的概率是1/365。回答这个问题的关键是该群体的大小。随着人数的增加，两个人拥有相同生日的概率会更高。因此在10人一组的团队中，两个人拥有相同生日的概率大约是12%。在50人的聚会中，这个概率大约是97%。然而，只有人数升至366人（其中有一人可能在2月29日出生）时，你才能确定这个群体中一定有两个人的生日是同一天。

44. 窃贼的诡计之所以得逞，是因为镜框的每个角都同时属于两条边。所以，如果从每条边中间那组宝石中拿走一颗，再取下一颗放到镜框角上，每条边的宝石总数仍然为12颗。

45. 90张。你可以从10个点中的任意一个点买9张票，9×10=90（张）。

46. E君买了150元的香烟1包，200元的1包，230元的5包。只要发现多余的30元，马上便可解开这道题。150×1=150（元），200×1=200（元），230×5=1 150（元），合计1 500元。

47. 63个。解决这个问题，我们需从后往前推算，即倒推法。因为最后一个顾客（第六个）买到的是1个鸡蛋，那么就能推知第五个顾客买了2个鸡蛋，第四个顾客买了4个鸡蛋，第三个顾客买了8个鸡蛋。以此类推，可列出算式：1+2+4+8+16+32=63（个）。因此，农妇共拿了63个鸡蛋到市场上卖。

48. 数学博士的门牌号码是41，电话号码是65231。37×41×43＝65 231。

49. 面值5元的人民币有45÷3＝15（张），面值2元的人民币有27－15＝12（张）。假设全是面值是2元的人民币，那么27张人民币是2×27＝54（元），与实际相比减少了99－54＝45（元），少的原因是每把一张面值是2元的人民币当作一张面值是5元的人民币，要少5－2＝3（元）。（99－27×2）÷（5－2）＝15（张），27－15＝12（张）。

50. 17角。因为乙只取2枚硬币，而2枚硬币的钱数最多是5×2＝10（角）。而甲取出的3枚硬币的和比乙取出的2枚硬币的和少3角。因此，最多只有10－3=7（角）。两者合起来就是取出的钱数的总和的最大值是10＋7＝17（角）。

51. 赔了20元。赚了10%后是990元，原价是990÷（1＋10%）=900（元），赔了10%后是990元，原价是990÷（1－10%）=1 100（元），那么两台收录机，原来进价为900＋1 100=2 000（元），现在卖了990×2=1 980（元）。因此，这个商店卖出甲、乙两种收录机各一台，赔了2 000–1 980=20（元）。

52. 我花13荷兰盾、A花4荷兰盾、B花7荷兰盾。如下图所示，把总数24盾划分成阿姆斯特丹—K镇、K镇—阿尔斯梅尔、阿尔斯梅尔—K镇、K镇—阿姆斯特丹这4段来考虑，就一目了然了。

53. 日租金360元。虽然比客满价高出200元，因此失去30位客人，但余下的50位客人还是能给我们带来360×50=18 000元的收入；扣除50间房的支出40×50＝2 000（元），每日净赚16 000元。而客满时净利润只有160×80－40×80＝9 600（元）。

54. 应选择B公司。此问题的答案完全出乎人直觉的预料，因此回答这类问题时，千万不要凭表面现象就做出回答。计算实际收入时，可知每年B公司都会比A公司多出5万元。第一年：A公司100万元，B公司50＋55＝105（万元）；第二年：A公司120万元，B公司60＋65＝125（万元）；第三年：A公司140万元，B公司70＋75＝145（万元）。

55. 20个。假设1 000个玻璃杯全部运到并完好无损，应得运费1×1 000＝1 000（元），实际上少得运费1 000－920＝80（元），这说明运输过程中打碎了玻璃杯，每打碎1个，不但不给运费还要赔偿3元。这样玻璃杯厂就少收入1＋3＝4（元），又已求出共少收入80元，所以打碎得玻璃杯数为80÷4＝20（个）。

56. 26岁。先将17 654因数分解，得2×7×13×97＝17 654。所以比较合理的推测为该女士现年26岁，猫7岁，她家门牌号码是97号。

57. 由于1 111 111是两个质数的乘积：4 649和239，因此有239辆车，每辆车为4 649英镑。当然，4 649辆车每辆239英镑，理论上也说得通，但却不切实际。

58. 把第一个余数乘以70（2×70=140）；把第二个余数乘以21（0×21=0）；把第三个余数乘以15（1×15=15）；把上述3个计算结果加起来（140+0+15=155）；把上式的结果除以105，所得的余数即是所要猜的年龄（155/105，所得余数为50，或155-105=50）。一般来说，如果a、b和c分别是年龄除以3、5和7所得的余数，那么计算年龄的公式就是（70a+21b+15c）/105，余数即为年龄。

59. 慈善家自称施舍了50枚银元，分给10个人，如果每个人得到银元的枚数都不相同，最少的1枚（不能比这个数再小了），2枚、3枚、…、10枚。如此算来，要让10个人拿到枚数不同的银元，至少要1+2+3+…+10=55（枚），50枚银元根本不够分。

60. 首先，确定哪个数字不表示孩子的年龄。1至13这13个数字之和是91，而3个家庭所有孩子的年龄之和是84，因此，不表示孩子年龄的数字是7。家庭A的4个孩子的年龄只能是以下两种情况之一：12、6、10、13或者12、8、10、11，家庭C的4个孩子的年龄只能是以下4种情况之一：4、1、3、13或者4、1、6、10或者4、2、6、9或者4、3、6、8。这样，家庭A中孩子的年龄不可能是12、6、10、13，否则，家庭C中孩子年龄的4种可能情况没有一种能够成立。因此，家庭A中孩子的年龄必定是12、8、10、11。那么家庭C中孩子的年龄只能是4、1、3、13或者4、2、6、9。由此不难得出结论：家庭C中孩子的年龄必定是4、2、6、9；家庭B中孩子的年龄必定是5、1、3、13。

61. 4.8小时。10、20、30、40的最小公倍数是120。在120小时内，甲可以做12套组合柜，乙可以做6套，丙可以做4套，丁可以做3套，因此4人在120小时内共可以做25套组合柜，于是4人合做1套所需的时间为120÷25=4.8（小时）。

62. 16天。因为睡莲每天增大面积1倍，从半个池塘到长满整个池塘，仅需1天的时间，17-1=16（天），所以睡莲长满半个池塘要16天。

63. 127颗。开始时只有1颗，第二天出现了6颗，第三天又出现了12颗，3天后又出现了18颗，计算公式为：1+6+12+18+24+30+36=127（颗）。

64. 30人。这里值得注意的是，要弄清"向后转"的含义。事实上，在40人中，报数是4的倍数的有10人，报数是6的倍数的有6人，报数既是4的倍数又是6的倍数的有3人，且两次向后转之后已面向老师了。不妨这样思考：第一次老师请报数为4的倍数的学生向后转，面向老师的有40－10＝30（人）。第二次老师请报数为6的倍数的学生向后转，因为40人中是6的倍数的有6人，这6人中有3人既是4的倍数，又是6的倍数，两次后转已面对老师，但另外3个（6的倍数学生）向后转，恰是背对老师，虽然这6个人的方向都发生了变化，但面向老师的人数却是没有变的。所以40－10－3＋3＝30（人）。

65. 42瓶。因为换回的啤酒喝完后还可再去换。首先，老李收集了127只空瓶，他用其中的124只空瓶换来31瓶啤酒。喝完后加上原先剩下的3只空瓶，共有34只空瓶，再去换8瓶啤酒。喝完后再加上余下的2只空瓶，还有10只空瓶。现在只能再换2瓶啤酒，喝完这2瓶后，老李手中有4只空瓶。最后，再去换1瓶啤酒。加在一起，老李共喝31＋8＋2＋1＝42（瓶）。

66. A应分6元，B应分3元。总共90块砖，3人平均，每人应搬30块。A替C搬了50－30＝20（块）。B替C搬了40－30＝10（块），A、B的报酬应按替C搬砖数的比例来分这笔钱。所以A应分6元，B应分3元。因为C未搬砖，不参加分配，但不应忽视C应该搬的砖的块数。

67. 先假设他们只买了2瓶汽水，喝完后，跟别人借1个空瓶，就有3个空瓶，3个空瓶换回1瓶汽水，喝完后，将这个空瓶还给人家。这样，实际上买2瓶汽水却可以喝到3瓶汽水。按这样的思路，只要算出买来的汽水是几个2瓶，就可以直接算出一共可以喝到几瓶汽水了。比如，买6瓶汽水，6瓶里有6÷2＝3（个）2瓶，每2瓶可以喝到3瓶汽水，3个2瓶就可以喝到3×3＝9（瓶）汽水。用这种方法，不管买多少瓶汽水，都可以很快算出一共可以喝到多少瓶汽水。

68. 20美元。总之，5个人买了3件相同的东西，因此，买东西的5个人所带的外币之和能被3整除。这样就好办了，6个人所带外币总数为15＋16＋18＋19＋20＋31＝119（美元），显然，只有在减去20的情况下，余数才能被3整除。

69. A出3元，B出9元。因为汽车共行驶了8千米，车费12元。而A只坐了前4千米，这一段路程是A和B共同坐的，故这段路费6元应由2人均摊，即每人3元。而后4公里的车费只能由B独自支付。

70. 10%。如果只有2种报，订报的百分比分别是70%和75%，那么订有2种报的最小百分比为45%，即70%＋75%－100%＝45%，与此相似，用同时订有前2种报的45%与订第三种报的百分比80%进行复合，45%＋80%－100%＝25%，得到同时订有前3种报的最小百分比为25%。再用此数与订第四种报的百分比85%复合，就得出同时订4种报的最小百分比10%。综上所述，70%＋75%＋80%＋85%－100%×（4－1）＝10%为正确解答。这种方法可推广到任意的数目，只要从给定的所有百分数的总和中减100%，再乘以报纸的种数减1，就可以直接得到答案。

71. 店主人共送来27个包子。每个农民应分得9个包子。第一个农民吃完了自己的那份，最后剩余的8个包子，应该给第二个农民补3个，给第三个农民补5个。首先考虑到第三个农民为同伴剩下8个包子，即其余2人各应分到4个包子，也就是说他自己吃了4个。继续推算，第二个农民给自己同伴留下12个包子，其余2人各应分得6个，也就是说，他自己吃了6个。由此推断，第一个农民给自己同伴留下18个包子，其余2人各应分得9个包子，也就是说，他自己吃了9个包子。

72. 共有7只蜻蜓，5只蜘蛛，6只蜜蜂。本题有3种昆虫在一起，比鸡兔同笼问题要复杂一些。先按腿数分为2类，蜻蜓和蜜蜂暂归为一类，考虑6条腿昆虫和8条腿昆虫，假如18只昆虫都是6条腿的蜻蜓和蜜蜂，那么腿的总数将为6×18=108（条），而实际上有118条腿，多出10条腿。用8条腿的蜘蛛去换6条腿的蜻蜓或蜜蜂，每换1只，就增加2条腿，所以用于交换的蜘蛛共有10÷2=5（只），因此，这些昆虫中有5只蜘蛛。由此可得知蜻蜓和蜜蜂共有18-5=13（只），假如这13只都是蜜蜂，则它们共有13对翅膀，但实有翅膀20对，少了7对，而每用1只蜻蜓去换1只蜜蜂，便增加1对翅膀，所以要用7只蜻蜓去交换，于是最后剩下6只蜜蜂。

73. 12.56米。因为外轮与内轮的间距为2米，所以不论怎样的圆周，差距都是外侧圆周和内侧圆周的直径差乘以圆周率，即4×π≈12.56（π=3.14），直径差是不会发生变化的，因而周长差与圆的直径大小无关。

74. 在电车内的小明从看见站台的起始端时便以5米/秒的速度向车尾走去，走了100米，正好看见站台的终端，用时20秒。要正确解答这道题，首先是不能把电车的运动看成是一个点的运动，因为电车的车身很长；其次要考虑运动的相对性和不同参照物的对应关系。电车（指车头）以10米/秒的速度驶过100米长的站台，用时10秒，是正确的。但不能忽略电车100米长的车身全部通过100米长的站台时，车头已经走了200米，故电车（指全部）驶过来100米长的站台所用的时间为20秒。在车内逆向走动的小明，相对于静止不动的站台来说，速度仅为5米/秒，所以小明看见100米长站台的终端时，用时为20秒，也是正常的。

75. 按照数学家的计算，如果你看见一辆车刚刚驶离，也许它是第一辆或第二辆，那么你的等候时间只是1分钟，如果是第三辆，则需要等43分钟。这意味着，下一辆车到来前，你的平均等候时间是（1+1+43）/3=15（分钟）。而如果你到站时，没看见公交车，意味着你是在两辆车中间的间隔到达的，你等待的时间也许是不到1分钟，但更大的可能是43分钟，这样算下来，你必须等候的平均时间是（43+0）/2=21.5（分钟）。也就是说，如果你看不到一辆车驶离车站，你实际花费的等车时间会更长！

76. 50米。如果按狗来回奔跑的距离计算，只会使问题复杂化。表面看像是距离问题，如果把它换成时间来考虑就简单多了。在父亲追上儿子之前，狗始终按一定的速度跑。父亲和儿子相隔10米，并以1米/秒的速度逐步缩小距离，故追上只需10秒。狗的速度是5米/秒，所以，当然要跑50米。

77. 12千米/小时。假设每小时行驶15公里，小华要是在路上多行驶2小时（即与每小时行驶10千米用的时间同样多），他走过的路程比他实际上要走的路程多30千米，他每小时多行驶5千米，也就是说，他共用了30÷5=6（小时）（包括多行驶的2小时）。由此可以算出，以15千米/小时的速度，到达家里要用6-2=4（小时）。走的距离是15×4=60（千米）。容易求出，要恰好中午12点整到家，换句话说，要用5小时赶到家里，小华的速度应该是60÷5=12（千米/小时）。

78. 求往返的平均速度，也是求平均数，若用（$v_去 + v_返$）÷ 2 = $v_{平均}$，即（30 + $v_返$）÷ 2 = 60，得出 $v_返$ = 90，便认为返回速度为90千米/小时，这样你就会得出一个错误的答案。因为求往返平均速度的准确意义是：总路程 ÷ 总时间 = 往返平均速度。此题中的"总路程"应为"两座城市距离的2倍"，"总时间"应为"往返时间之和"，代入相关量并整理，可知：$v_返$ =（$v_{平均} × v_去$）÷（$2v_去 - v_{平均}$），只有当 $2v_去 > v_{平均}$ 时，此题才有解。然而，本题所给的条件正是 $2v_去 = v_{平均}$，所以才无解。另外，从上述关系式中可以看出，求往返的平均速度，其实与城市之间的距离没有关系。

79. 20小时。一块手表比另一块手表每小时快3分钟，所以经过20小时之后，它们的时差为1小时。

80. 假若要计算正常表每隔多少时间重合一次再与65分钟比较就麻烦了，一个正常的表，假设在0点整，那么，当它走了65分钟时，分针指在表盘的"1"上，而时针已超过"1"了，即此时分针还不能与时针重合，所以，正常的表应是65分钟以后才能重合，所以题目中的表快了。

81. 12点59分。甲的手表误差不可能是2分钟，因为如果这样的话，丙的手表误差就至少是7分钟；甲的手表误差也不可能是3分钟，因为如果这样的话，丙的手表误差就是6分钟；所以甲的手表误差是4分钟或5分钟，而且这种误差只能是比标准时间慢，否则其余每个人的误差都会不少于7分钟。假设甲的手表误差是慢4分钟，这样准确时间是12点58分，由此可知丙的手表误差是快了5分钟，其余两人的手表误差分别是1分钟和4分钟，这样就没有人的误差是2分钟和3分钟了，这和题中的条件相悖。所以，只剩下一种可能性，即甲的手表误差是慢5分钟。这样当时的准确时间是12点59分，乙、丙和丁的误差分别是2分钟、4分钟和3分钟。

82. 1小时50秒。从11点的第一声响开始数似乎最费时了，但此时，听了11声响，小迪就以为现在是11点或12点，到下个点，如果钟响一下，就停了，则说明刚刚听到的就是1点；如果听到第二声响，那现在响的就是12点。小迪从11点的第二声开始听到钟声时，只听到10次，他不知道是10点、11点、还是12点。故在下个点开始响时，他不听完12次就无法确认现在是几点。小迪从11点的第三声开始听到钟声时，他必须听完下个点的钟声，此时，当然比从第二声开始听花的时间少。由上可知，从第二声开始计算，最多需要1小时50秒。

83. 王老师所教学生的及格率较高。张老师共教100人，及格人数为 50 × 84% + 50 × 42% = 63（人），及格率为63%。王老师也共教100人，及格人数为 60 × 80% + 40 × 40% = 64（人），及格率为64%。

84. 主队得110分，客队得104分，主队赢6分。小王从球迷们的议论中分析出以下几点：

1.双方5名队员都未换人。

2.主队个人得分是一组等差数列，说明3名得22分的队员中，只有一名在主队。

3.客队个人得分上下只差3分，已知其中有两名各得22分，可见得30分者不在客队。

4.在主队个人得分的等差数列中，以30分为首项（从多到少的序列），22分只能是中项（若做第二项，每项差数为8，到第五项将出现负数；若做末项，则三名得20分以下者将全在客队，从条件3推算出现矛盾，如做第四项又不能成立）。由此可以推算出主队个人得分为30、26、22、18、14。

5. 客队个人得分除两名得22分外，少于20分者只能是19。根据条件3、4，余下两名的得分数只能是21和20。

85. 蜡烛自始至终浮出水面1/10的长度。由于蜡烛的密度为0.9克/厘米^3，所以蜡烛浮出水面的长度是总长的1/10，在水中部分的长度为总长的9/10，这样才能使蜡烛受到的重力和水对它的浮力平衡。上述关系在蜡烛的燃烧过程中仍然成立，也就是说，当蜡烛烧去一截以后，它浮出水面的长度仍旧是目前总长度的1/10。只要水面非常平稳，这种发展将无穷无尽，最后可以认为蜡烛会全部烧完。

86. 下午4时。由于河水的流动速度对划艇和草帽产生同样的影响，所以在求解这道题的时候可以对河水的流动速度完全不予考虑。虽然是河水在流动而河岸保持不动，但是我们可以设想是河水完全静止而河岸在移动。就我们所关心的划艇与草帽来说，这种设想和上述情况毫无差别。既然渔夫丢失草帽后划行了5英里，那么，他当然是又向回划行了5英里，回到草帽的位置。因此，相对于河水来说，他总共划行了10英里。渔夫相对于河水的划行速度为5英里/小时，所以他一定是总共花了2小时划完这10英里。于是，他在下午4时找回了他那顶落水的草帽。这种情况同计算地球表面上物体的速度和距离的情况相类似。地球虽然旋转着穿越太空，但是这种运动对它表面上的一切物体产生同样的效应，因此对于绝大多数速度和距离的问题，地球的这种运动可以完全不予考虑。

87. 计算一下便找到答案了。假如只是3个人就餐，6次便可重复了，即123、132、213、231、312、321。假定是4个人就餐，其中一人座位不动，其他3位需变化6次，才重复，即4123、4132、4213、4231、4312、4321。当第四个人一动，则需6×4=24（次）才能重复。同理，五人就餐需24×5=120（次）；六人就餐需120×6=720（次）；7人就餐需720×7=5 040（次）；8人就餐需5 040×8=40 320（次）；一年365天，每天一次，40 320次需多少年才能重复呢？40320÷365≈110（年）。这就是说，这8位年轻人即使终生都在这饭店就餐，也不会再重复原来座次的。也就是说，这位精明的经理，用最好的饭菜免费供给，原本是不可能实现的，因为不用到重复座位时，他们都已经去世了！

第4章 奇妙图像

1. 9条。如果目光停留在大象的身体，或许觉得从它的浑圆躯干往下长出4条立柱似的粗腿，外表正常，并无异样。但是，将视线迅速移到画面下端，注意观察象脚，数一数，共计有几只脚，然后将视线缓慢向上移动，看看脚怎样连着腿，腿怎样连着身体，就能发现这头大象的非凡之处。

2. 16条腿。有8条腿一眼就能看到，但是总数不止8条。再仔细看看。已经看见的8条腿上穿着黑长裤，脚下蹬着黑皮鞋。还有呢，还有……有了！在每两条相邻黑腿之间，有一条白颜色的腿，穿着白袜、白裙、白色高跟皮鞋。这样的腿也有8条，总数是16条腿。

3. 请把这幅图倒过来看，就会发现，有一只很大很大的鸟儿，威风凛凛，嘴里叼着一个小女孩的裙子，可怜的女孩吓得张开双手，不知所措。上面这幅大鱼和巨鸟的画，正看表示一段情节，倒看表示另外一段情节，别出心裁，精心安排，形象生动，一图两用。图中的老爷爷名叫米法尔，小女孩是他的孙女，名叫露金丝。他们是漫画家古特瓦·韦尔比的一本奇妙连环画册的主人翁，画册的名字就叫作《露金丝和米法尔历险记》。书中的每幅画都像这样一图两用，正看有一段文字说明，倒看有另外一段文字说明，情节紧张，图形有趣，不但孩子们看了爱不释手，成年人见到这本书也要颠来倒去欣赏一番。

4. 10人。在图中能看到一位眯细眼睛自我陶醉的妇女？完全正确。还有呢？一位凝视前方认真思考的男孩？说得对。还有呢？找呀找呀，这里找到一位！这里躲着一位！这里还有一位！这里还……这幅图占的地方虽小，里面的人物还真不少。男女老少，眉开眼笑，共有10人。

5. 图（1）和图（5）。此题有一个巧妙的方法。可以先观察每幅图中第一个字母是否相同，（1）、（2）、（3）、（5）这几幅图的第一个字母是相同的；再观察这4幅图中第二个字母，只有（1）、（3）、（5）这几幅图的第二个字母是相同的；接着观察这3幅图中第三个字母，只有（1）、（5）这两幅图的第三个字母是相同的；最后观察这两幅图中第四个字母也完全一样，所以只有（1）、（5）这两幅图是相同的。

6. B。题中几个图形的共同特征是：先连接各边中点，组成一个复合图形。所不同的是，B图形是一个三角形，而其他几个图形都是四边形，这样，只有B与其他几个不一样。

7. C。在其他各项图案组合中，最大的图形和最小的图形是相同形状的。

8.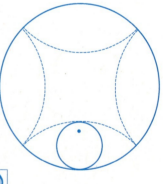

9.

10.

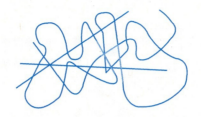

11. B。五边形中有5条边,是奇数,而其他图形中的边数都是偶数。
12. E。在其他图形中,如果分割正方形的直线是一面镜子,那么所显示出的镜像是正确的。
13. C。如果大圆变成小圆,小圆变成大圆,那B和D、A和E是相同的图形。
14. B。第一个图案的黑色区加上第二个图案的黑色区,也就是黑色区的总和即为第三个图案。这条规律不仅适用于横向,也适用于纵向。这是做这种题的一个重要提示。
15. B。每行每列中都包含4种图形。
16. D。图案照顺时针方向,每次转90°。
17. E。每次顺时针旋转72°。
18. C。当黑箭头朝下时,必定以黑箭头带头。
19. A。按顺时针方向每次向前转两步。
20. D。其他图都是顺时针方向旋转。
21. D。图形每次旋转90°。
22. D。每次向右侧滚一下。
23. B图是其他图的反面。
24. C。从左向右数,黑格所在的方格依次是1格、3格、5格、7格和9格。
25. A图。A图与其他图相反。
26. C。C图中有的黑瓷砖的位置与其他图中的位置不一致。
27. A。其规律就是上下颠倒一下。
28. D。在上面一格的多米诺骨牌(3-4-5点)的构建和下面的(1-2-3点)一样,都是按照增加一点的原则组合的。那么下面一格系列的多米诺骨牌构建也应该是相应的,即按照减一点的原则。
29. C。第一行的点数为3、5、7,第二行的点数为4、6、8,第三行的点数应为5、7、9。
30. 9个。
31. C。总是向顺时针方向转。
32. D。正方形变为圆;三角变为正方形;圆变为三角。
33. 向上的一面为3点。1、6相对,2、5相对,3、4相对。

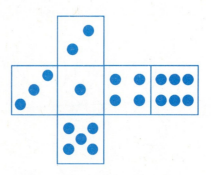

34.

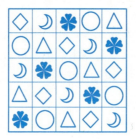

35.

36. 两部分，所有的三角形没有必要具有相同的形状。

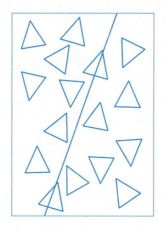

37. E和I。
38. E。其他都是对称图形。
39. C。从左上角的方块开始沿第一行进行,再沿第二行回来,依此类推,图形按照白圆、黑圆、三角形的顺序循环排列。
40. A。黑点和白点的位置互换,完整的正方形变成半个正方形,反之亦然。椭圆形变成菱形(或是半个椭圆、菱形),反之亦然。
41. D。在同一行的相邻两圆中,不相同的符号都移动两圆之间的上一个圆中,处于同一位置的相同符号则去掉。
42. A。从前面6个图的变化中可以得出其规律是:每次只能移动一个小球,先移动上面的。
43. H。大正方形按逆时针方向做90°旋转,后面应接围绕横向轴的倒影。
44. E。图形以90°逆时针方向转动。每次线条数目都在1与2之间变动。形状则在三角与圆之间变动:一个三角之后是一个不同颜色的圆,一个圆之后是一个同色的三角。弧线则不变。
45. E。下面两个图叠加后为上面的图案,依此类推。
46. 必须搬10次。A到急诊病房,C到4号,D到2号,B到1号,A到3号,C到急诊病房,D到4号,B到2号,A到1号,C到3号。
47. 能。如下图所示。把左半部分翻过来,与右半部分相接。为了更为简便地重新组合,重要的是,尽量分为大一些的块状,再考虑如何组成长方形。

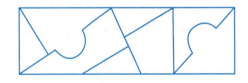

48. 如下图所示,由于塑料管是软的,可以把塑料管弯过来,使两端的管口互相对接起来,让2颗浅颜色的滚珠滚过对接处,滚进另一端的管口,然后使塑料管两头分离,恢复原形,就可以把深颜色的滚珠取出来。

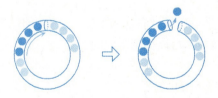

49. 警察出动之前,如果与小偷的距离在偶数上,就抓不到小偷了。图重新画清楚些如下图,警察沿斜线通过一遍后,与小偷的距离变为奇数就能追到小偷了。因此,取胜的方法:警察方务必通过一遍斜线角,并不能让小偷通过斜线角;小偷方盯住警察是否过斜线角,若过了这个角自己也立即跟上,把距离保持在偶数上,为使条件变得简单扼要,将图重新整理画出来,立即就能发现左下角的特殊条件部分。

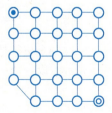

第5章 "摆平"等式

1.

2. $9×7×5÷3=105$。

3. 仅举一例：$8+1-4=5$；$9×2÷3=6$。

4. 两个算式是：$12×3÷4-5+6=10$；$12÷3-4+5×6=30$。

5. $98+6÷3=100$；
   $57×2-14=100$。

6. （1）$27×6÷3+81-90=45$；
   （2）$290÷145×6+3-7=8$；
   （3）$6×7+205÷41-9=38$。

7. $(1+2)÷3=1$
   $12÷3÷4=1$
   $[(1+2)×3-4]÷5=1$
   $(1×2+3-4+5)÷6=1$
   $\{[(1+2)×3-4]÷5+6\}÷7=1$
   $[(1+2)÷3×4+5+6-7]÷8=1$
   $(1×2+3+4-5+6+7-8)÷9=1$

8. $23×41+234=1\,177$。

9. $123-45-67+89=100$；
   $123+4-5+67-89=100$；
   $123+45-67+8-9=100$。

10. 容易知道，数字0一定要写在等号右边的个位上。有0的这个式子，左边一定要在个位上出现5。由此，通过试验，可以得到下面的
    $15×4=60$，
    $29×3=87$。

11. $0×7÷5+9-1=4×3÷6+8-2$。

12. 先看 □×□=2，乘积是一个两位数，个位数是2，所给的数字0、1、3、4、6中只有 $3×4$ 的个位数是2，前面几个 □ 可以填出来，$3×4=12$，余下的0、5、6要组成一个两位数除以一个一位数，商是12的除法算式，只能是$60÷5$。

    3 × 4 = 12 = 60 ÷ 5

13. 一位数组成除法算式商相等的情况：$4÷2=6÷3$，$6÷2=9÷3$，$8÷2=4÷1$，所以可

先填写等式中的前4个数。如果先填4÷2=6÷3，剩下的1、5、7、8、9要组成一个三位数除以一个两位数，商是23，即 □□ × 2= □□□ ，所得的积的个位一定是个双数，只能填8。实验可知：79 × 2 = 158。如果先填8÷2 = 4÷1，剩下的3、5、6、7、9不能组成一个三位数除以一个两位数，商是4的除以算式，所以等式中的前4个数不能填8÷2 = 4÷1。我们可以填4÷2 = 6÷3。

第一种情况：| 4 | ÷ | 2 | = | 6 | ÷ | 3 | = | 1 | 5 | 8 | ÷ | 7 | 9 |

第二种情况：| 9 | ÷ | 3 | = | 6 | ÷ | 2 | = | 1 | 7 | 4 | ÷ | 5 | 8 |

14. 8。

15. 在时间上，7点钟再加上8个小时是3点钟。

16. 123−45−67+89=100。

17. 99 + 99 ÷ 99 = 100 或 99 + 66 ÷ 66 = 100。

18. 0 × 7 ÷ 5+9−1=4 × 3 ÷ 6+8−2。

19.

兔=3，鸡=6，马=4，鱼=1

先确定十位，鸡为4，其余可以通过列出一个简单方程计算得出。

20. 兔=5，鱼=4。通过列出一个简单方程即可得到结果。

21. 如下图所示。被减数应是9个数字中偏大（最大)的数，符合这个条件的可以是7、8、9；积应是9个数字中两个不相同乘数相乘的结果，因而也是偏大的数，这个数只可能是6或8；除法一行的要求与乘法相同，且两式有一个共同的数，这个数只能是2；这样，减数与两个加数也就可以确定了。

9	−	5	=	4
6	÷	3	=	2
1	+	7	=	8

22.

4=12+1-2-7（倒置显示）

23.

$2+2+7=11$

$14-7+4=11$

24.

$17-11+4+4=14$

$14-7-1+4+1=11$

25.

$4=114+1-111$

$123-111=12$

26. 将数字8中间的火柴移到右侧6的一边，使6变成8。如下图所示。

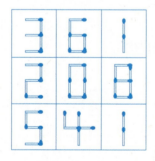

27. $4+1<7$

28. 左边的结果是90，右边是96，相差6，将15改为16，结果就增加了6，正好相等。

$16×6=96$

29. 左边结果21，右边是1，所以通过火柴的移动，使左边变小，右边变大。我们试着把"+"变为"-"，多出的这根火柴使"1"变成"7"，等式成立。

也可以把"14"十位上的"1"移到等号的右边，使等式成立。

$14 - 7 = 7$

$4 + 7 = 11$

30. 只能移动1根火柴棒，因此数字不能改变，我们只好移动加减号，使左边变成得数，右边变成算式。我们试着把"="变为"-"，多出的这根火柴使"-"变成"="，等式成立。

$12 = 18 - 6$

31. 等式右边是8，可使左边变成9-1或7+1，9-1算式难以出现9，可选择7+1，这样经移动算式变为

$14 - 7 + 1 = 8$

32. （1）将乘数9右上方竖着的1根火柴取下放在左下方，使9变成6，等式便成立。

（2）无须移动任何1根火柴，只需颠倒过来看，即为等式：

$22 = 5 + 9 - 6 + 8 + 2 - 1 + 5$

33. 可以做到，只要把图形倒过来看即可。

34.

$VI - IV = II$

$XI - III = VIII$

$\dfrac{VII}{VII} = 1 \quad \dfrac{XII}{VI} = II \quad \dfrac{XII}{XII} = 1$

最后一道题只需转动你的书即可得到答案

35.

21	4	15	24	21
6	8	17	14	20
3	19	13	7	23
10	12	9	18	16
25	22	11	2	5

36.

17	24	1	8	15
23	5	7	14	16
4	6	13	20	27
10	12	19	21	3
11	18	25	2	9

37.

13	3	2	16
8	10	11	5
12	6	7	9
1	15	14	4

38. E。

39. E。

40. C。很显然，这个等式代表：5－1－1－1－1＝1。

41. D。选项中，只有8是偶数。

42. A。

43. 30。左侧代表月，右侧代表每月的天数。

44.

7	+	3	−	4		66
+		×		−		=
13	×	12	+	11		10
×		+		+		−
2		1		9	×	6
÷	5	+		×	8	÷

45.

6	×	3	−	7	+	4	=	15
+		×		−		×		
7	−	4	+	6	×	3	=	27
−				+		+		
4	×	7	+	3	−	6	=	25
×		−		×		+		
3	+	6	×	4	−	7	=	29
=		=		=		=		
27		13		16		13		

46.

123−45−67+89=100

47.

9	+	5	×	2	−	3	=	25
+		+		×		+		
2	+	9	−	3	×	5	=	40
−		×		+		−		
5	−	3	×	9	+	2	=	20
×		−				×		
3	+	2	×	5	−	9	=	16
=		=		=		=		
18		40		10		54		

48.

1+10=11

11+0=11

1−10≠11

49.

12+3×657=1993

193

50.

51. 可以组成一个正确的等式：7^2=49。

52. 原来手中的牌为：黑桃5张，红桃6张，方块7张，草花8张，显然有"$5×10+6=7×8$"。后来，4种花色各打出4张牌，手中剩下的牌应为：黑桃1张，红桃2张，方块3张，草花4张，显然有"$10×1+2=3×4$"。

53.

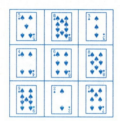

54.

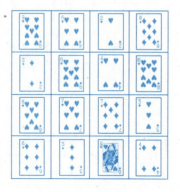

55.

56. 本题I代表的数字不可能大于2，注意到这一点，将使问题大大简化。54+68+03+97=222 没有出现的数字是1。

57. 5 6。将每个表盘上指针对应的分针数与时针数相乘,再计算差值。如:
11∶15→11×3=33;4∶10→4×2=8;33-8=25等。

58. 188。每个钟上的数字由时针和分针所指时刻的数组成,时针指的数代表高位数,分针代表低位数。如:6∶10→62;3∶25→35;62+35=97等。

59. 4∶00。每个表的数值是分针与时针夹角的度数。如:6∶00时180°,3∶00时是90°,180+90=270等。

60. 以下两个图中,上一排各牌的点数组成的5位数与下一排各牌的点数组成的4位数相除所得的商等于3。

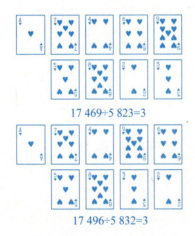

17 469÷5 823=3

17 496÷5 832=3

事实上,除了商等于3外,像这样分组并经过适当排列,使商等于2、4~9都有解,而且每种情况解并不唯一。有兴趣的读者不妨自己试一下,将解求出。

61.

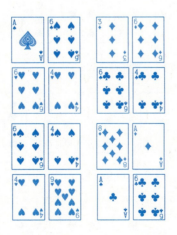

62.

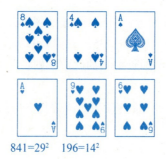

$841=29^2$ $196=14^2$

63.（1）取红桃A，显然$1=1^2$。

（2）再取红桃6，如下图排列，则有$16=4^2$。

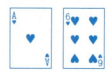

（3）再取红桃9，如下图排列，则有$169=13^2$。

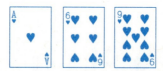

（4）再取红桃3，如下图排列，则有$1\,369=37^2$。

再取红桃8，如下图排列，则有$13\,689=117^2$。

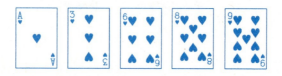

再取红桃4，如下图排列，则有134 689=367^2。

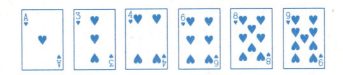

64.

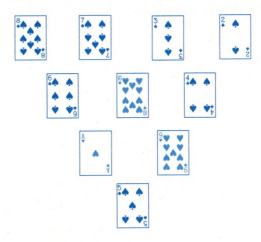

65. 移动19次，移动顺序为：4、1、2、4、1、6、7、1、5、8、1、5、6、7、5、6、4、2、7。

66. A+B+C 或 A+D+E 都不可能大于27（即 9+9+9）。因为 G、H 和 I 代表不同的数字，所以，右列要给中列进位一个数，而中列也要给左列进位一个数，并且这两个进位的数不能相同。在一列的和小于或等于27 的情况下，唯一能满足这种要求的是一列的和为19。因此，A+B+C 或 A+D+E 必定等于19。于是，F G H I 等于2109。排除了0、1、2、9 这4个数字之后，哪3个不同数字之和为19呢？经过实验，可以得出这样的两组数字：4、7、8 与 5、6、8。因此，A 代表8。两种可能的加法是：

$$\begin{array}{r}888\\777\\+444\\\hline 2109\end{array}\quad 和\quad \begin{array}{r}888\\666\\+555\\\hline 2109\end{array}$$

67. 这个等式实际上表示一个简单的加法：84 011+84 011+3 590=171 612。可从出现次数多的字母E、R、T、H入手，列出方程可推知E=1，R=0，T=8，H=4，再进一步推知其他字母代表的数字。

68. 44×22=968；

22÷44=5÷10。

两句诗共14个字，其中6个字是重复的，且以相反的顺序出现。不计这重复的6个字，剩下的8个汉字一定是代表8个数字。解题的关键点在于等式"岁岁÷年年=人÷不同"构成整除关系，而且与等式"年年×岁岁=花相似"关联照应。通过推理、验算便可知答案。

69. A×CB=DDD。

   A×CB=D×111。

   A×CB=D×3×37。

   因而CB 为37 或74（即2×37）。

   如果CB 为37，则A=3D。

   如果CB 为74，则2A=3D。

   于是A、B、C和D 的值有六种可能，如下表：

   C B D A

   （a）3 7 1 3

   （b）3 7 2 6

   （c）3 7 3 9

   （d）7 4 2 3

   （e）7 4 4 6

   （f）7 4 6 9

   由于每个字母各代表一个不同的数字，（a）、（c）、（e）这3种可能可以排除。以（b）、（d）、（f）的数值做实际运算，可以确定在每种情况下E、F 和C 所代表的数字。我们得到如下3个式子：

   ```
          6           3           9
       × 3 7       × 7 4       × 7 4
       ─────       ─────       ─────
         4 2         1 2         3 6
       1 8         2 1         6 3
       ─────       ─────       ─────
       2 2 2       2 2 2       6 6 6
        (b)         (a)         (f)
   ```

   其中只有（b）是每个字母各代表一个不同的数字。所以 D 代表数字2。

70. 16。设A=1，B=2，C=3，…，J=10，每个字母代表的数的平方−20 = 右栏数，F=6，6×6=36，36−20=16。

第6章　魔法道具

1.

2. 要把鱼头朝右，需要把左边的"鱼头"拆掉，变成"鱼尾"。如果简单地去掉"鱼头"

的2根火柴，3根火柴不够用，因此必须保持一根火柴不变。

3. 要把猪头朝右，需要把左边的"猪头"拆掉，变成"猪尾"。为了使火柴的根数最少，可移动猪头下面的一根，变成猪尾。

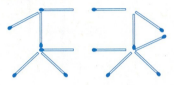

4. 下图中三角形的每条边上有2根火柴，要将三角形变成六边形，每边上只能有1根火柴。

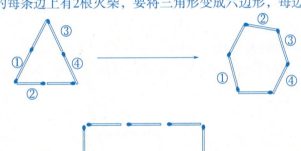

5.（1）

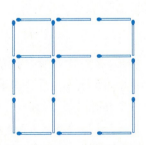

（2）

6.（1）原来12根火柴，拿走两根后剩10根火柴，不可能拼成大小相同的两个正方形，只能是一大一小。只要保留外边的大正方形，从里面拿走2根，使里面的4个正方形变成一个就可以了。

（2）移动3根火柴，那么总根数仍然是12根，12根组成3个正方形，每个正方形4根火柴，只移动3根，原来就有一根不变，把另3根和它组成正方形即可。如下图：

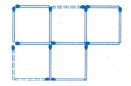

7. 由简单的计算知道，16=（4×2）×2，因而可用16根火柴排成两个边长为2的正方形。原图"井"字的中间已经有一个边长为2的正方形，只需移动"井"字四角的8根火柴，使它们也组成一个边长为2的正方形。

但是题目要求只移动6根火柴，所以应该保留"井"字的一角不动，将其他3根火柴移过来，得到如下图所示的答案。

8. 移动火柴就会发现，先要知道两个正方形各是多大。所以不妨先做一点简单的计算。

一个正方形的四边所用火柴的根数相同，所以排成一个正方形所用火柴的根数是4的倍数。原图共有火柴15根，试从15中拆出一个4的倍数，得到

$$15=12+3=12+4-1=4\times 3+4\times 1-1$$

由此可见，可以设法排成一个每边3根火柴的正方形和一个每边1根火柴的正方形，使小正方形有一边在大正方形的边上。

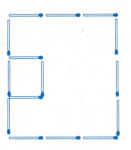

从原图移动4根火柴得到新图的方法,如下图所示,其中虚线表示移动的火柴。

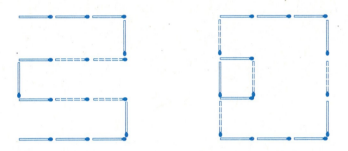

9. 因为24=(4×3)×2,所以24根火柴可以组成两个边长为3根火柴的正方形。

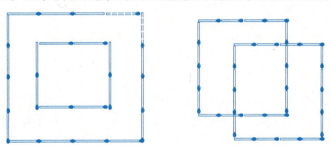

10. 可以采用下图的排列方法。

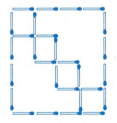

在上图中,从左上到右下一连串4个小正方形,再加上外围1个大正方形,正方形的总数还是5个外围大正方形有4条边,每边用4根火柴;里面有3横、3竖,每横每竖各用2根火柴,总根数是 4×4+2×3+2×3=28(根)。所以图2用的火柴数目还是28根。
边长为1的正方形有4个,边长为4的正方形有1个,它们的面积的和是

$$1×4+16×1=20$$

这样，就把5个正方形的总面积从11扩大到20，一根火柴也没有多用。实际上，仅仅现在一个大正方形的面积，就已超过原来5个正方形面积的总和了。

11.（1）

（2）

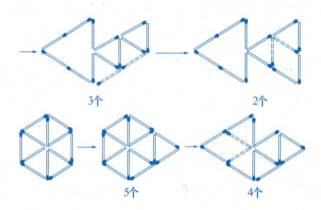

（3）

（4）6根火柴在平面上是无法拼出4个正三角形的。考虑拼成立体图形。先用3根火柴在平面上拼成1个正三角形，然后将其余3根火柴的一端分别放到已拼成的三角形的3个顶点上，另一端汇合在平面三角形中心的上方，构成1个正四面体即可。

12. 排列顺序如下：

13.

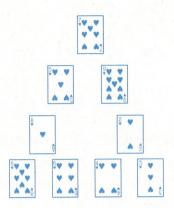

14. 剩下的纸牌数字为12。只需把纸牌上的数字总和求出来，减去甲、乙、丙3人所取牌的数字总和，即得出剩下的一张纸牌上的数字。

15. 将红桃3、4两张牌调换。

上述9张牌的点数组成的9位数显然为能被19整除的最大数，即
987 653 421÷19=51 981 759

16. 把最下面的硬币重叠在中央的硬币上即可。

17.

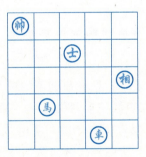

18.

帅 将	卒 兵 卒		士
相 象 炮			仕 马 马
炮		兵 车 兵	车 车

19.

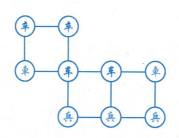

20. 把每边中间的硬币依序放在位于角落的硬币上，这样就可以得到一个正方形，在它的4个顶点上各有两枚叠在一起的硬币，因此每边有4枚硬币。知道答案就觉得很简单！

21. 如下图所示，挪动3个角上的硬币即可。前一个三角形的底边，成了后一个三角形的中段。如果你设想把三角形完全翻个，那就失策了。

22. B。一个黑棋子变成4个白棋子；两个白棋子变成一个黑棋子。按此顺序，一串棋子以顺时针方向做72°旋转。

23.

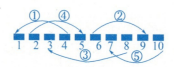

24. 把杯口朝上的杯子用"+1"表示，把杯口朝下的杯子用"-1"表示。初始状态是3"+"，11"-"，所以把14个数相乘则积为-1，而翻动1只杯子时，就是把+1变为-1或者是把-1变为+1，当翻动1只杯子时，就相当于原状态乘以-1。翻动n次杯子时，就相当于乘以n个"-1"。所以每次翻动偶数只杯子时，不改变初始状态是"-1"的这个结果。

所以每次翻动4只杯子和每次翻动6只杯子，不能改变乘积为是"-1"的这个结果。即都不能做到。

而每次翻动奇数只杯子时，能改变初始状态是"-1"的这个结果。所以每次翻动7只杯子且翻动奇数次能做到。

具体操作如下：原状态3只杯口朝上，11只杯口朝下。

①翻动2只杯口朝上，翻动5只杯口朝下，翻动后，6只杯口朝上，翻动8只杯口朝下。

②翻动3只杯口朝上，翻动4只杯口朝下，翻动后，7只杯口朝上，翻动7只杯口朝下。

③翻动7只杯口朝上。翻动后,这时14只杯子都是杯口朝下,完成任务。

25.(1)最多能栽5行。

(2)

(3)

26.

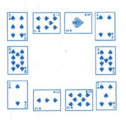

27.

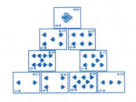 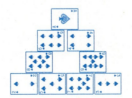

解答这个问题,不能全凭试验。做一点简单计算,可以大大加快解题速度。

三角形的每条边上有4张牌,3条边按理应该共有12张牌。实际上只用9张牌就要排出三角形,可见在三角形的3个顶点上应该各放一张,因为顶点上的牌在通过它的每条边上都计算一次,一张牌当两张用。

9张牌的点数相加,总和是1+2+3+4+5+6+7+8+9=45。而要使三角形每条边上各数的和都是17,3条边上数目的总和就应该是17×3=51。两个总和相减,得到51-45=6。多出6

点，是因为放在顶点上的3张牌各被重复计算一次，所以放在顶点位置的牌只能是A、2和3。最后，把剩下的6张牌适当分配。

28. 草花4。格内横行、纵行、对角线的3个数相加，和为15，且黑桃、方片、草花3种花色交替出现。

29. 黑桃10。每列扑克牌数上的点数之和均为20，每行的4张牌花色各异。

30. 红桃5。每列中，垂直相对的牌加起来都等于9。而花色的变化顺序是DBACEGIHF。

31. 洗1 000次牌就有1 000次符合条件。为什么呢？因为红色牌和黑色牌各是26张。只是A中的红色牌和黑色牌的张数同样都不够26张，而不够的张数当然分到了B垛中。因此，A中的黑牌和B中的红牌张数是一样的。本题把概率问题故意复杂化了，如"好好洗牌""1 000次里有几次"等表述都是容易引起概率联想的。你有没有跌进这个陷阱呢？

32. 假设全副牌不包括大、小王，即总数为52张，则把未发的牌从最后一张开始由下往上发，第一张先发你自己，然后按顺时针的顺序把牌发完即可。

33. 这是"逆向思维"的结果，将按顺序1、2、3、4、5、6、7、8、9、10、J、Q、K排好的扑克牌按开始的操作过程反向做一遍即可。

34. 三列中牌的总数：
$$A=3+(10-a_1)+(10-a_2)+(10-a_3)=33-(a_1+a_2+a_3)$$
手中剩的牌数：
$$B=24-A$$
因为 $B+9=24-A+9=33-A=33-[33-(a_1+a_2+a_3)]=33-33+(a_1+a_2+a_3)=a$

所以从手中剩下的牌数起，这时的第a张牌恰好为原来30张牌中的第九张牌。

35. 这两种游戏的结构相同。A及2~9这9张纸牌中的3张之和为15的情形和魔方阵中的任意一行、一列或对角线的数字总和为15的情况一样。

第（2）个游戏中所选择的9个单词可排成如上所示的3×3阵列。同一列、行或对角线的3个单词均出现一个共同的字母。

8	1	6	XMAS	RUN	HOME
3	5	7	BABY	TUKEYS	HOLLY
4	9	2	CANDLE	CRIB	SOCK

36. 开始，超超假装深思熟虑，而实际上是随意点了7个数字，但是他点的第八个数字必定是12，第九个数字必定是11，第十个数字必定是10，以此沿逆时针方向按顺序点下去，当欣欣念到20并喊停时，超超点着的必定正好是欣欣最初默认的数字。不信？你不妨自己试试！